영단어,
욕망을
삼키다

영단어,
욕망을
삼키다

초판인쇄 2016년 12월 12일
초판발행 2016년 12월 12일

지은이 노진서
펴낸이 채종준
기획 조가연

펴낸곳 한국학술정보(주)
주소 경기도 파주시 회동길 230(문발동 513-5)
전화 031) 908-3181(대표)
팩스 031) 908-3189
홈페이지 http://ebook.kstudy.com
E-mail 출판사업부 publish@kstudy.com
등록 제일산-115호(2000.6.19)

ISBN 978-89-268-7680-0 03740

이담 Books는 한국학술정보(주)의 지식실용서 브랜드입니다.

어원과 상식을
관통하는

유쾌한 지식 읽기

영단어, 욕망을 삼키다

노진서 지음

이담
Books

prologue

    세계적으로 유명한 명소를 찾아가는 테마 여행은 사람들에게 늘 인기를 끌고 있습니다. 그것은 명소가 어떤 곳일까 하는 호기심 때문이기도 하지만 그것 때문만은 아니고 아마도 그곳까지 가는 동안에 마주하는 이국적인 풍광들, 만나게 되는 낯선 사람들, 그리고 그곳에서 마주치는 새로운 경험 때문일 것입니다.

    그런데 신기한 것은 이러한 사실이 우리가 사용하는 언어에도 마찬가지로 적용된다는 것입니다. 언어라는 숲을 구성하는 단어들은 저마다 그 나름의 내력을 갖고 있습니다. 그 사연을 알아보는 것은 숨겨진 그들의 비밀을 찾아서 과거로 거슬러 올라가는 여행입니다. 그들 중에는 통상적인 단계를 밟아서 오늘에 이르게 된 것도 있고 어떤 요인으로 말미암아 정상적인 경로를 이탈하여 엉뚱하게 변형된 것도 있습니다. 마치 우리 인간 세계의 인생살이와 비슷합니다.

    그런데 이 책을 통해서 그러한 단어들의 내력만을 알려 드리려는 것은 아닙니다. 단어의 근원을 찾아가면서 그와 관련된 이야기들을 동시에 들려 드리려고 합니다. 이런저런 이야기들이 섞여 있어 언뜻 보면 일관성이 결여된 것처럼 보이지만 실제로는 그 이야기들이 별개의 것이 아니라 서로 유기적인 연관성을 갖고 이어져 있습니다. 이를테면 단어의 변천 과정에서 드러난 교훈을 알리기 위해 고사성어를 빌리기도 하였고, 또 인문학 고전을 인용하여 오랜 시간에 걸친 단어의 부침 과정을 보여 주기도 합니다. 또한 단어에 투영된 의미를 설명하기 위하여 시사적인 사건과 상식을 끌어들이기도 했습니다.

그러므로 이 책은 영어를 구성하는 영단어 또한 우리 인간과 마찬가지로 흥망성쇠의 과정을 거쳐 오늘에 이르렀다는 사실을 보여 줍니다. 지금까지 무심하게 보아 오며 지나쳤던 영단어가 왜 이런 의미를 갖게 되었는지, 또 어떤 일을 겪었는지 그 뒷이야기를 듣게 됨으로써 그 단어를 더 깊이 알게 되고 또한 그것을 사용해 왔던 사람들에 대하여 좀 더 깊이 이해할 수 있게 될 겁니다. 자, 그러면 영단어 숲속 이야기들을 들려 드리도록 하겠습니다.

2016년 10월

노진서

CHAPTER 1

욕망, 결코 헤어날 수 없는 심연

01 Adultery, 왜 안 되는데 *010*

02 Jealousy, 사랑의 어두운 그림자 *018*

03 Complex, 못 다 핀 꿈, 그 부작용 *026*

04 Flame, 새로운 것을 낳는 기운 *034*

05 Alibi, 나 아닌 나 *042*

06 Secret, 나 혼자만이 *050*

07 Leisure, 그냥 좀 놔 줘요 *058*

08 Deadline, 살고 싶음에 대한 겁박 *066*

09 Awe, 공포의 소산, 불안감의 발로 *074*

10 Honor, 이름에 거는 당당함 *082*

11 Vulgar, 낮은 데로 임하소서 *090*

12 Advertisement, 넌 이미 낡았어 *098*

13 Time, 인간 세계의 절대 권력 *106*

14 Calculus, 순간조차도 놓치기 싫어 *114*

15 Name, 나는 나, 너는 너 *122*

CHAPTER 2

욕망은 또 다른 욕망을 낳고

16 Culture, 무에서 유로 *132*

17 Captain, 내 맘이야 *140*

18 Tenant, 여기라도 머물게 해 줘요 *148*

19 Salt and sugar, 필요악 *156*

20 Hamburger, 남의 살에 대한 욕망 *164*

21 Champagne, 샹파뉴의 다른 호칭 *172*

22 Coffee, 악마의 유혹 *180*

23 Symposium, 와인 바의 모임 *188*

24 Circus, 공연용 둥근 무대 *196*

25 Animation, 살아 움직이는 그림 *204*

26 Ad lib, 마음대로 해 봐 *212*

27 Locomotive, 이동에 대한 동물적 욕망의 실현 *220*

28 Diamond, 여인들의 로망 *228*

29 Vaccination, 살기 위해 죽는 것 *236*

30 Canine, 사랑받기 위한 비루함 *244*

CHAPTER 1

욕망,
결코 헤어날 수 없는 심연

01 Adultery, 왜 안 되는데

02 Jealousy, 사랑의 어두운 그림자

03 Complex, 못 다 핀 꿈, 그 부작용

04 Flame, 새로운 것을 낳는 기운

05 Alibi, 나 아닌 나

06 Secret, 나 혼자만이

07 Leisure, 그냥 좀 놔 줘요

08 Deadline, 살고 싶음에 대한 겁박

09 Awe, 공포의 소산, 불안감의 발로

10 Honor, 이름에 거는 당당함

11 Vulgar, 낮은 데로 임하소서

12 Advertisement, 넌 이미 낚였어

13 Time, 인간 세계의 절대 권력

14 Calculus, 순간조차도 놓치기 싫어

15 Name, 나는 나, 너는 너

01 Adultery

왜 안 되는데

adultery[ədʌltəri]
① 간통, 불륜
② 불의

불순물을 섞는 행위인 간통, 그것을 하는 어른

한동안 우리 사회에 논란이 되어 왔던 간통죄가 결국은 폐지되었습니다. 오랫동안 우리 사회를 지탱해 왔던 유교의 이념과는 정면으로 상치되는 것이기에 더욱 갑론을박이 심했는지도 모릅니다. 언뜻 간통adultery은 어른adult과 관련이 있는 것으로 보이지만 단어의 어원으로 보면 직접적인 연관성은 없습니다. 굳이 따져 보자면 adult어른는 adultery간통보다는 오히려 adolescent청소년와 관련을 지을 수 있습니다.

adolescent는 1440년경 등장하였기 때문에 1531년 문헌에 처음 모습을 보인 adult보다 먼저 영어에 유입되었습니다. 이 두 어휘는 모두 성장한다는 의미를 가진 라틴어 adolescere에서 나온 것이지만 영어에 유입되면서 각자의 길로 간 것이지요. 먼저, 라틴어 adolescere의 현재분사형인 adolescens는 성장 중이라는 의미, 즉 지속되는 과정을 의미하기 때문에 여기서 파생된 영어 어휘 adolescent가 어른이 되려고 성장해 가는 청소년을 뜻하게 되었습니다. 반면에 adolescere의 과거분사인 adultus는 이미 성장 시기가 지나서 성장이 종료된 상태, 즉 어른, 성인을 의미하는 어휘로 쓰이게 된 것입니다.

그런데 adult movie성인용 영화에서 adult의 의미는 앞서 설명한 것과는 전혀 다릅니다. 여기서 adult는 이를테면, 매매되었다는 의미의 그리스어 porne와 연관된 pornographic포르노의의 뜻입니다. 이렇게 본다면 adultery와 adult 사이에 관련성이 있다고 할 수도 있지만 앞서 말한 대로 어원상으로는 아무런 연관성이 없습니다. 라틴어 동사 adulterare에서 유래된 adulterate가 1531년 영어에 유입되면서 불순물을 섞는다는 의미로 사용되었는데 그것으로부터 adultery와 adult가 파생되었기 때문이지요. 굳이 말하자면 어원상으로는 무관한 것이지만 순진무구한 아이가 아니라 세상을 살아가며 불순한 때가 많이 묻은 어른들이 저지르는 사건이 간통이기 때문에 두 어휘가 전혀 연관성이 없다고 할 수는 없겠지요.

이기적 유전자

그건 그렇다고 하더라도 그러면 어른 남자들은 왜 자신의 배우자를 버젓이 두고 간통을 저지르게 되는 걸까요? 연구에 따르면 이것은 유전자에 의해 설계된 뇌가 시켜서 하는 행동이라는 것입니다. 이른바 이기적 유전자설에 따르면, 인간 남자는 마치 로봇처럼 유전자에 의해 조종되고 있는데 유전자는 뇌를 조작하여 자신의 복사체를 다음 세대에 더 많이 남기려는 것, 그 의도대로 개체를 움직이게 만든다는 것입니다. 그러니까 인간 남자가 외간 여자에게 접근하는 것도 이와 같은 이유에서 유발되는 행동이라는 것이지요.

그렇다면 성인 여자는 남자에 비하여 이성 상대에게 왜 그런 행동을 잘

하지 않을까요? 그것은 유전자를 다음 세대로 전하는 데 있어서 남자와 여자가 처한 상황과 조건이 다르기 때문입니다. 이로 인해 남자와 여자의 뇌가 고려하는 바가 여러 가지 면에서 각기 달라졌는데 그중 한 가지를 예로 들면, 어떤 이성을 매력적이라고 느끼는가에 있어서 너무나 다르다는 겁니다. 진화 심리학자인 데이비드 버스David M. Buss 교수의 연구로 밝혀신 바에 따르면 인간 여자는 이성 상대인 남자의 경제력과 사회적 지위, 자상한 성격, 외모, 지적인 면의 순서로 관심을 두었고, 반면 인간 남자는 단연코 인간 여자의 용모와 젊음에 끌리게 된다는 것입니다. 이것은 앞서 말한 이기적 유전자를 생각해 보면 당연한 결과입니다.

이른바 모든 생물은 자신의 유전자를 다음 세대에 가급적 많이 남기려는 목표 아래, 그 목표에 적합한 형태와 행동 그리고 인지와 사고방식까지도 조종되어 결정된다고 했는데 그 사실에 근거하면 인간 여자와 인간 남자는 자신의 유전자를 물려받은 자식을 얻고 키우게 될 때 각자 감당해야 할 몫이 다르기 때문에 그에 따른 행동이 달라지는 것은 당연한 결과입니다.

성 선택, 남자는 능력, 여자는 외모

말하자면, 인간 여자는 남자의 유전자를 자신의 몸 안에 받아서 열 달의 힘든 임신 기간을 견뎌야 합니다. 그 후에도 자신이 섭취한 영양분을 모유라는 형태로 자식에게 제공하는 것은 물론이고 이후 수년간 많은 시간과 노력을 보육에 쏟아 부어야 비로소 자신의 유전자를 후대에 이어지게 할 수 있습니다. 이에 비해 인간 남자는 극단적으로 말하면 인간 여자의 몸에 자신의 유전자를 전달하기만 하면 자신의 유전자를 남길 수 있습니다. 이와 같은 입장 차이를 감안해 보면 인간 여자는 자신이 낳은 자식을 키우는 데 보탬이 될 남자를 골라야 하고, 반면에 남자는 임신이 잘 되고 출산을 잘 할 수 있는 젊고 건강한 여자를 선택하는 것이 유전자를 남길 수 있는 최선의 방책입니다.

이와 같은 성 선택에 대한 패턴은 데이비드 버스 교수의 연구 결과로 입증되었습니다. 즉, 경제력과 사회적 지위를 갖춘 자상한 성품의 남성이라야 아이를 보육할 때 도움이 되니 그런 남성들이 여성들에게 우선적으로 선택됩니다. 또한 용모가 뛰어나고 젊음을 갖춘 건강한 여성이라야 건강한 아이를 낳고 키울 수 있으니 그런 여성들이 남성들에게 인기가 있고 선택되는 겁니다.

따라서 남성들은 본능적으로 건강하게 보이는 여성들에게 시선을 돌립니다. 가급적 많은 후손을 남기라는 이기적 유전자의 조종에 따라 가급적 많은 여성의 몸에 자신의 유전자를 넣기 위함이지요. 그래서 늘 남성들은 매력적인 여성, 소위 늘씬한 체구에 또렷한 이목구비를 갖춘 얼굴, 그리고 매끈한 피부와 윤기 나는 머릿결 등 미인의 조건을 갖춘 여성을 찾아 두리번거립니다. 이것은 예쁜 것을 밝히는 것이라기보다는 유전자의 조종에 따라 젊음을 갖춘, 그래서 건강한 아이를 낳을 수 있는 여성을 찾는 본능적인 행동이라는 겁니다.

이렇게 보면 성 선택에서 여성이 무척 불리하다고 할 수 있겠지요. 좋은 남성의 조건인 경제력과 사회적 지위는 언뜻 봐서 파악할 수 있는 것이 아니라 시간을 들여서 찬찬히 살펴야 알 수 있는 것들이기 때문입니다. 그러니 여성들은 굳이 오가는 남성들을 힐끗힐끗 볼 필요가 없습니다. 그 대신 여성들은 남성들의 애간장을 태우며 내숭을 떠는 방법을 씁니다. 그것은 우선 헤픈 여자로 인식되어 선택에서 제외되는 것을 막기 위함입니다. 왜냐하면 남성들은 헤픈 여성이라면 자신 말고도 다른 남성의 유전자를 받을 가능성이 높다고 판단하기 때문이지요. 그렇다면 그것은 곧 많은 유전자를 남기려는 목적에 어긋나는 것이어서 본능적으로 그런 여성을 피하게 되는데, 여성들도 이것을 인지하고 있다는 겁니다. 우리 모두는 어느 정도까지는 본능에 충실한 동물이니까요.

잔혹한 본능, 금기의 유혹

그래서 그런지 우리의 현실세계에서는 잔혹한 본능에 이끌려서 넘으면 안 되는 선을 넘는 경우가 있습니다. 어차피 넘은 것, 아름답게나 해 보자 뭐 그런 건지는 모르지만 가끔 불륜을 아름다운 사랑으로 승화시켜 세간에 화제가 되었던 소설이 꽤 많습니다. 그중 하나를 예로 들어 볼까요. 이 소설은 영화로도 제작되어 '이런 확실한 감정은 일생에 단 한 번 찾아온다'라든지 또 '제가 할 수 있는 건 제 가슴 깊은 어딘가에 우리를 영원히 남기는 것이에요' 등 명대사로도 유명했었는데 바로 『매디슨 카운티의 다리』라는 이름의 소설이 바로 그것입니다.

1938년 출생한 미국 소설가 로버트 제임스 윌러Robert James Waller, 그가 1992년에 발표한 『매디슨 카운티의 다리』는 미국은 물론 우리나라에서도 엄청난 화제를 불러일으키며 베스트셀러가 된 소설입니다. 이 소설이 선풍적인 인기를 끌자 그 후 불륜의 미학을 다룬 아류 소설, 아류 드라마와 영화가 줄줄이 쏟아져 나왔습니다. 어쩌면 본능 속에 눌려 있던 금기에 대한 반발 심리를 해소해 주는 쾌감에다가 금기였던 불륜까지도 합리화할 수 있었으니 그야말로 임도 보고 뽕도 따고의 결과라고나 할까요.

어쨌든 소설 『매디슨 카운티의 다리』, 그 남자 주인공은 쉰두 살의 프리랜서 사진작가였습니다. 그는 자신들의 사랑이 우연이 아닌 필연이라는 말과 함께 마흔다섯 살 된 농부의 아내, 프란체스카 존슨 앞에 나타납니다.

나는 머나먼 시간 동안 어딘가 높고 숭고한 곳에서부터 이곳으로

떨어져 왔소. 내가 이 생을 산 것보다도 훨씬 더 오랜 기간 동안,
그 많은 세월을 거쳐 마침내 당신에게로 온 거요.

그야말로 별에서 온 그대, 바로 그것이지요. 오래 걸려서 만난 것만큼
이나 만남 뒤의 인연도 오래도록 이어집니다. 비록 그들의 만남과 불같은
사랑은 나흘. 짧은 시간에 불과하지만 헤어진 뒤 서로에 대한 그리움은
22년이나 이어진 운명적인 사랑이었습니다. 소설의 줄거리는 이렇습니다.

지루하고 무덥던 8월의 어느 오후, 남편과 아이들을 멀리 일리노
이의 송아지 품평회에 보내고 혼자만의 시간을 즐기던 프란체스
카. 그녀 앞에 청바지에 물 빠진 청재킷 소매를 말아 올린 맨발 차
림의 남자가 나타난다. 인근의 지붕 덮인 다리를 촬영하러 왔다가
길을 잃고 헤매던 쉰두 살의 사진작가 로버트 킨케이드.
그녀가 다리가 있는 곳까지 안내하기 위하여 그가 몰고 온 트럭에
타는 순간, 그들의 사랑은 시작된다. 사진 촬영 내내 함께했던 그
들은 급기야 그녀의 집으로 함께 돌아와 저녁을 먹고 촛불을 켜고
춤을 추었다. 그리고 목욕을 하고 향수를 뿌리고 함께 잠을 잤다.
바야흐로 프란체스카는 킨케이드로 인하여 다시 여자가 된 것이
다. 그날 이후, 그녀는 두 개체의 프란체스카로 살아가게 된다. 남
편에게 보이는 일상의 프란체스카. 그리고 상상 속에 살면서 킨케
이드 옆에 있는 프란체스카.
하지만 그날 이후 그들은 한 번도 만나지 않는다. 그로부터 14년
이 흘러 프란체스카의 남편이 죽는다. 어느덧 쉰아홉이 된 프란체
스카는 킨케이드의 직장인 내셔널 지오그래픽에 전화를 건다. 그
러나 그녀가 만난 사람은 킨케이드가 아니라 그의 유언과 유품을
받은 변호사였다. 변호사는 그녀에게 킨케이드의 카메라 그리고

'프란체스카'라고 새겨진 은 목걸이를 전해준다. 변호사는 킨케이드의 유해를 그의 유언에 따라 로즈먼 다리 옆에 뿌렸다고 말한다. 그들의 사랑이 시작되었던 지붕 덮인 그 다리……. 그로부터 7년 후, 그녀도 죽는다. 그녀의 유해도 킨케이드의 유해가 뿌려졌던 로즈먼 다리 옆에 뿌려진다.

킨케이드와 프란체스카의 허락받지 못한 사랑. 그 몰래한 사랑은 그저 순간의 정염을 불태웠던 육체적인 사랑이라고 치부하기에는 너무나 아름답고 순수합니다. 그야말로 그들의 만남은 추잡한 불륜이 아닌 너무나 아름답게 승화된 사랑이었지요. 그래서 그들의 경우를 생각하면 사랑과 불륜의 경계는 모호해집니다. 사랑은 아름다운 것이고 불륜은 추잡한 것이라고 일방적으로 매도하기가 쉽지 않습니다. 아름답고 아련한 아픔으로 다가오는 그들의 사랑. 그런데 이런 생각 자체가 새로운 이성 상대를 찾는 행동을 합리화시켜 은근슬쩍 끌고 가려는 유전자의 농간인가요.

ad(=to, ~로; toward, ~쪽으로)

adapt[ədǽpt] <ad+apt(=to fit)> 적응시키다, 각색하다
adopt[ədɑ́pt/ədɔ́pt] <ad+opt(=to choose)> (의견을) 채택하다, 차용하다
adjoin[ədʒɔ́in] <ad+join> 이웃하다, 인접하다, ~을 결부시키다
adjure[ədʒúər] <ad+jur(=to swear)> 간청하다, 엄명하다
adulterate[ədʌ́ltərèit] <ad+ulter(=other)+ate(=make)> 불순물을 섞다,
　　　　　　　　　　　　　　　　　　　　　　　　질을 떨어뜨리다

▶ 같은 듯 같지 않은 단어들

• argument[ɑ́ːrgjəmənt] (회의나 모임에서 일반적이고도 합리적인
　　　　　　　　　　　　　　주장에 의한) 논의, 논쟁

　The party is involved in an argument over economic policy.
　그 정당은 경제 정책에 대하여 논쟁에 휘말리고 있다.

• fight[fait] (물리적인 폭력을 동반할 수도 있는) 논쟁, 말싸움

　I don't want to fight over this.
　나는 이 문제를 두고 싸우고 싶지 않다.

• quarrel[kwɔ́ːrəl] (아는 사이에 장기간 지속되기도 하는) 싸움,
　　　　　　　　　　　　말다툼, 불화

　They had a bitter quarrel over some money two years ago.
　그들은 2년 전 돈 때문에 심한 말다툼을 했다.

• row[rou] (가까운 사이의) 말다툼, 싸움

　This is likely to provoke a further row about the bank's role in the affair.
　이것은 그 문제에 있어서 은행 역할에 관한 보다 심각한 논쟁을 불러일으킬 것 같다.

02 Jealousy

사랑의 어두운 그림자

> jealousy[dʒéləsi]
> ① 질투, 투기
> ② 엄중한 경계, 경계심

망상은 허황된 믿음

망상은 현실 상황에 대한 명확하지 않은 인식에 근거한 잘못된 믿음입니다. 그런데 문제는 그 믿음이 너무나 공고하여 증거를 보여 주고 설득을 해도 그 생각을 바꾸지 않는다는 것이지요. 망상은 일시적이고 간헐적인 것이 아니라 지속적으로 가치 판단과 행동에 영향을 줍니다.

게다가 비정상적인 확신을 동반한 망상은 여러 가지 형태로 우리를 괴롭힙니다. 예를 들면, 추락할 것을 걱정하여 비행기 탑승을 거부한다든지, 반 아이들이 자기를 미워하기 때문에 학교 가기를 꺼려한다든지, 부인이 바람을 피운다고 구타한다든지, 누군가가 전화를 도청하고 있다고 생각하는 등 왜곡된 확신으로 정상적인 생활에 영향을 주게 되는데 복잡해진 사회생활 속에서 이로 인한 피해는 갈수록 늘어날 것으로 보입니다.

물론 이런 것 가운데 일부 사실인 것도 있지만 허황된 것이 대부분입니다. 현실적으로 많이 거론되고 있는 망상의 예를 들어 보겠습니다. 먼저,

누군가 나를 해칠지도 모른다는 피해망상이 있습니다. 또 연예인이 자신을 좋아하는데 만나주지 않는다면서 연예인을 괴롭히는 스토커의 색정망상erotic delusion, 자신이 우주를 지배할 수 있는 힘을 가졌다고 믿는 과대망상, 또는 종교적인 체험이나 세상을 구원할 것이라는 등 자신을 신격화하는 과대망상grandiose delusion, 정상으로 판정된 건강 검진을 믿지 못하고 큰 병에 걸렸다고 믿는 신체망상somatic delusion, 모든 것이 끝나고 허무하다는 생각에 사로잡힌 허무망상nihilistic delusion, 주변에 발생하는 모든 일들과 다른 사람의 행동을 자신과 연관시켜 생각하는 관계망상delusion of reference, 배우자나 연인이 바람을 피운다고 생각하는 부정망상delusion of infidelity 혹은 질투망상delusion of jealousy 등이 있습니다.

그런데 망상의 시작은 의외로 단순합니다. 정상적인 사람들도 가끔은 무엇을 골똘히 생각하며 그것에 매달리는 경우가 있습니다. 잘 모르는 일이 벌어지면 그 원인을 찾거나 현상의 실체를 파악하려고 하는 것이지요. 이미 갖고 있는 지식을 적용해 보고, 해결이 되지 않으면 지식 체계를 수정하려고 합니다. 이러한 몰두 사고preoccupied thought만으로 해결이 되면 다행이지만 그렇지 않으면 문제가 발생합니다. 원하는 답이 나오지 않자 더 극단적인 생각을 하는 것이지요. 일례로 이런 일들이 자기 자신에게만 벌어진다고 믿는 것입니다.

하지만 몰두 사고가 모두 망상으로 이어지지는 않습니다. 사람들은 그런 일들이 개연성이 있는지 또는 자신의 생각이 맞는지를 판단하는 현실 검증력을 갖고 있습니다. 몰두 사고 단계에서 현실 검증력을 거치면 대체로 망상으로까지 번지지는 않습니다. 그러니까 뒤집어 말하면, 현실 검증력이 손상되었을 때 망상에 빠져 정신분열증schizophrenia으로 진행되는 겁니다.

그런데 정상적인 사람들조차도 망상에 빠져들 가능성이 없는 것은 아닙니다. 그것은 사람들의 인지 체계가 결론으로 점프하기jumping-to-conclusions라는 특성을 갖고 있기 때문이지요. 이를 테면, 어떤 상황이 벌어질 때 사람들은 일단 그에 관련된 모든 변수를 예측하고, 그에 적합한 증거를 찾고 가설에 맞춰 결론을 내립니다. 그러나 순조롭게 결론에 도달하지 못하는 경우도 있습니다. 그럴 경우, 설사 증거가 불충분하다고 해도 처음 세운 가설을 그내로 가셔다가 결론을 도출해 버립니다. 말하자면, 이상한 느낌이나 증거가 불충분하여 확신할 수 없는 것에 대해서도 자기 나름의 가설을 세우고 어찌 되던 간에 성급하게 결론을 내리는 겁니다.

부정망상의 예, 오셀로 증후군

이것을 셰익스피어William Shakespeare, 1564-1616의 작품 『오셀로Othello』를 예로 하여 설명해 보겠습니다. "왜 데스데모나가 캐시오의 복직을 부탁하지? 왜 캐시오가 데스데모나의 손수건을 갖고 있지? 데스데모나는 캐시오와 불륜을 저지른 것이 틀림없어!" 이것은 작품 『오셀로』에서 주인공인 오셀로가 자신의 아내인 데스데모나에 대하여 의심을 품고 결론을 내리는 장면입니다.

주시하다시피 『오셀로』는 영국이 자랑하는 세계적 문호 셰익스피어의 4대 비극 중 하나입니다. 셰익스피어는 자신이 남긴 작품으로 후대에 잘 알려져 있지만 정작 셰익스피어 자신에 관한 기록은 남아 있는 것이 별로 없는 특이한 작가이기도 하지요. 셰익스피어에 관한 이런저런 이야기들은 후대 연구자들이 문헌 속에서 유추해 낸 것들입니다.

셰익스피어는 적재적소에 어휘를 골라 쓰는 현란한 글 솜씨에다가 개성이 뚜렷한 등장인물로 관객의 흥미를 유발하고 긴장감을 고조시키며 극을 이끌어 나가는 능력이 탁월합니다. 이런 그가 작품 『오셀로』를 통하여 동전의 양면 같은 사랑의 또 다른 모습, 즉 질투를 너무나 적나라하게 보여 주었습니다. 알다시피 좋은 모습일 때는 사랑이지만 악한 모습으로 둔갑하면 질투 아니겠습니까.

작품의 내용처럼 간혹 살인으로 이어지는 병적인 질투를 오셀로 증후군이라고 합니다. 오셀로 증후군을 갖고 있는 사람들은 근거 없이 자신의 아내를 의심하기 시작하며 아내가 성적 불륜을 저질렀다고 확신하는 망상에 빠집니다. 다시 말하면, 오셀로 증후군에 시달리는 남자들은 아내에 대한 의심이 도를 넘으면서 아내가 다른 사람을 만나지 못하게 하거나 외출을 하면 소재지를 알리게 하고 나아가 욕설과 폭력을 휘두르고 심지어 살해하기도 합니다.

작품 속에서 선량하고 아내를 더 없이 사랑했던 오셀로는 이야고라는 악한의 음모에 말려들면서 질투의 늪에 빠집니다. 오셀로는 무어인(유럽인과 흑인 사이의 혼혈인)이었기 때문에 백인이며 귀족 집안의 딸인 자신의 아내 데스데모나에 대하여 열등감을 갖고 있었습니다. 진화 심리학자들의 주장에 따르면 외모, 나이, 능력의 차이가 질투를 유발한다고 하지요. 아무튼 이야고는 부관에서 해고된 캐시오에게 데스데모나를 찾아가 부탁하면 복직될 수 있다고 귀띔해 줍니다. 그리고 다시 오셀로에게는 데스데모나가 캐시오의 복직을 부탁하는 것은 두 사람이 사랑하기 때문이라고 말하면서 오셀로의 질투심에 불을 지핍니다.

"혹시 내 얼굴이 검고, 기생오라비처럼 사교에 능란하지 않다고 해서, 아니면 내 나이가 한 고비 넘었다고 해서…… 그래서 나를 싫어했던가? 모욕당한 이 마당에 아내를 미워할 수밖에 없지. 아, 이까짓 게 무슨 원앙의 쌍이람!"

이렇게 오셀로의 질투가 시작되자 이야고는 오셀로에게 사람의 마음을 농락하는 초록 눈green eyes의 괴물, 즉 질투심을 조심하라고 합니다. 그러면서 오히려 오셀로의 질투심을 부채질하여 의처증을 유발시킵니다. 그리고는 데스데모나의 손수건을 가지고 결정타를 날립니다.

오셀로는 데스데모나에게 딸기 수를 놓은 손수건을 선물로 준 적이 있습니다. 먼저, 이야고는 자신의 이내 에밀리아를 시켜 그 손수건을 훔쳐오게 합니다. 그리고 나서 캐시오가 그 손수건을 갖고 있게 한 후 그 사실을 오셀로에게 알려 줍니다.

이미 부글거리는 질투심으로 제정신이 아닌 오셀로는 침실에 있던 데스데모나에게 다가가 그녀의 목을 조릅니다. 안타깝게도 그녀가 죽으면서 사건의 전모가 밝혀집니다. 데스데모나가 부정하지 않았음이 드러나지만 모든 것이 부질없음을 깨닫게 된 오셀로. 여기서 다른 선택이 있을 수 있을까요. 오셀로는 다음과 같은 독백을 남기며 스스로 목숨을 끊습니다.

지혜롭지는 못하나, 진정으로 아내를 사랑한 사내이며, 결코 사람을 의심하지 않되, 속임수에 넘어가 마음을 걷잡을 수 없었던 사내, 무지한 인도 사람처럼, 온 세상을 다 주어도 바꾸지 않을 진주를, 제 손으로 버린 사내, 울어야 할 때에도 좀처럼 울지 않던 눈에서 아라비아산 고무의 진액 같은 눈물을 떨어뜨린 사내라고 말씀해 주십시오.

질투와 열정 어린 사랑은 동전의 양면

깊은 사랑은 그만큼 깊이 박힌 비수와 같습니다. 그런 사랑이 물러난 자리에 남은 상처는 너무나 깊어서 치유가 불가능하지요. 결국 데스데모나에 대한 오셀로의 사랑은 잘못되어 파국을 맞습니다. 이것은 질투를 뜻하는 영어 단어 jealous와 열정의 뜻을 갖는 zeal이 어원상 동전의 양면처럼 맞물려 있다는 것을 암시합니다.

jealous와 zeal은 그리스어 zeos에서 유래되어 zēlus로 라틴어에 유입되었습니다. 그 후 통속 라틴어를 거쳐 불어에 들어와 gelos 또는 jelous가 되었지요. 그러다가 중세 때 gelus로 영어에 유입되면서 연인의 믿음을 의심한다는 의미로 사용되었는데 후에 철자가 바뀌어 jelus를 거쳐 jealous가 되었습니다.

명사형인 jealousy는 고대 불어 jelousie, jalousie로부터 gelusie를 거쳐 19세기에 jalousie의 형태로 영어에 차용되었습니다. 여기에 의혹을 갖고 있어 널빤지 사이로 몰래 들여다본다는 blind의 의미도 추가되었습니다. 한편 zeal은 라틴어에서 유입되어 사용되던 불어 zel로부터 시작되어 14세기 zeel, zele 등의 형태로 사용되다가 오늘에 이르게 된 것입니다.

질투를 뜻하는 jealousy와 열정을 의미하는 zeal이 연관성이 깊다는 것은 어떤 면에서 당연합니다. 누구를 질투한다는 것은 그만큼 관심과 애정이 있어야 가능하기 때문입니다. 대상을 향해 쏟은 사랑은 받아들여지지 않고 그것이 엉뚱한 사람에게 돌아 나올 때 그것을 참아내기란 쉽지 않습니다. 사랑은 증오로 변하여 사랑했던 사람에게는 저주를 퍼붓습니다. 또한 사랑은 질투로 변하여 빼앗아 간 사람을 시기하게 됩니다. 뜨거웠던 사랑만큼이나 질투심도 강렬합니다. 왜냐하면 그 둘은 동전의 양면, 빛과 그림자의 관계이니까요.

lud, lus(=to play, 장난치다, 놀다)

allusion[əlúːʒən] <al(=to)+lus+ion(=condition)> 언급, 암시
collusion[kəlúːʒən] <col(=together)+lus+ion(=condition)> 공모, 결탁
delusion[dilúːʒən] <de(=off)+lus+ion(=condition)> 기만, 속이기, 미혹,
　　　　　　　　착각, 망상
elusion[ilúːʒən] <e(=out)+lus+ion(=condition)> 피하기, 회피, 도피
illusion[ilúːʒən] <il(=not)+lus+ion(=condition)> 환영, 환각, 착각

▶같은 듯 같지 않은 단어들

• doubtful[dáutfəl] (상황이나 사건의 결과 및 가능성에 대하여)
　　　　　　　　확신하지 못하는, 의심스러운, 확실치 않은

It is doubtful whether she will survive.
그녀가 살아남을지는 확실하지 않다.

• dubious[djúːbiəs] (제안 등이 옳은지) 확신하지 못하는, 의심스러운,
　　　　　　　미덥지 못한

I was rather dubious about the whole idea.
나는 전반적인 아이디어(계획)에 대하여 오히려 의심이 들었다.

• suspicious[səspíʃəs] (나쁜 짓의 가능성 또는 잘못됐다고 생각하여)
　　　　　　　　의심스러운, 미심쩍은

They became suspicious of his behaviour and contacted the police.
그들은 그의 행동을 수상히 여겨 경찰에 연락했다.

03 Complex

못다핀꿈,그부작용

complex[kəmpléks]
① 복잡한, 어려운
② 복합의
③ 복물이

— [kámpleks]
① 복합체, 합성물
② 종합빌딩
③ 콤플렉스, 강박증

산업혁명의 산파역, 방직기와 방적기

산업혁명을 거치며 동력을 사용하는 방직기와 방적기가 등장하기 전까지 실을 뽑아 천을 짜는 일은 고스란히 여성들의 몫이었습니다. 언뜻 보기에 하찮아 보일지 모르지만 그것은 엄청난 품과 공을 들여야 하는 일입니다. 그전까지 대부분의 여성들은 농사일과 집안의 허드렛일을 하다가 짬이 나면 실을 잣고 천짜기를 해야 했습니다. 이렇게 천을 짜야 하는 이유는 너무나 분명합니다. 지구상의 다른 포유류와는 달리 인간은 몸에 털이 없습니다. 그러니 인간은 추위를 견디기 위해서라도 또 치부를 가리는 사회적 관습을 위해서라도 옷을 입어야 했었으니까요.

하지만 실을 뽑아내 옷을 만들어 입는다는 것은 녹록지 않았습니다. 우선 목화나 아마 같은 식물에서 얻어 내든, 양털 같은 동물에서 뽑아내든 천연섬유는 너무 가늘고 약해서 그대로는 사용할 수 없습니다. 더 굵고 튼튼한 실을 만들어 내야 했습니다. 지혜가 발달하면서 약한 천연섬유를 몇 가닥씩 모아 꼬면 길고 튼튼한 실을 만들 수 있다는 사실을 알게 되었지요. 그래서 손으로 마찰시키기도 하고 또는 허벅지에 섬유 여러 가닥을 올려놓고 비벼서 꼬기도 했습니다. 그러다가 기구를 이용하기 시작했습니다. 즉, 물레 가락 바퀴의 추진력을 이용해 돌리기만 하면 섬유를 쥐고 일일이 꼬지 않아도 실을 얻을 수 있게 되었습니다.

실을 얻는 수고는 많이 덜었지만 실만 가지고는 여전히 한계가 있었습니다. 필요는 발명의 어머니라 했던가요. 이런저런 궁리를 거듭하던 인간은 마침내 천 짜는 방법을 알아냅니다. 날실과 씨실, 즉 두 종류의 실을 맞대고 씨실이 날실의 위아래를 번갈아 오가게 하면서 드디어 천을 짤 수 있게 되었습니다.

그로부터 인류는 오랜 기간 동안 실을 잣고 천을 짜서 옷을 만들어 입었습니다. 식물성 섬유든 동물성 섬유든 간에 가난한 사람들은 거칠고 조악한 옷을 만들어 입었지만 부자들은 달랐습니다. 그들은 기술이 뛰어난 방적공과 방직공에게 고급 소재인 비단과 고급 양모를 만들게 했고 솜씨 있는 재단사로 하여금 화려하고 세련된 옷을 지어 내게 했습니다. 하여 왕족이나 귀족들은 고급 소재의 우아함과 화려함, 그리고 엄청난 옷값을 내세우며 자신들이 입고 있는 옷으로 신분을 과시하기도 했습니다.

18세기에 들어 동력화된 방적기와 방직기는 산업혁명을 촉발시켰고 그것을 발판으로 한층 더 자동화된 방적기와 방직기가 등장했습니다. 그 결과 자동화 기계가 노동력을 대체하게 됨으로써 옷을 만드는 데 들였던 엄청난 수고와 시간이 줄어들면서 대량 생산이 가능하게 되었고 이것을 계기로 우후죽순처럼 뻗어나간 섬유 제조업은 근대 산업사회를 이끄는 견인차 역할을 하게 됩니다.

실 짜기 같이 복잡한 것, 콤플렉스

근대 이후 눈부신 발전을 거듭한 의류 업계로 인하여 지금은 어디에서나 세련되고 고급스러운 옷들이 넘쳐납니다. 그런 옷들을 좀 더 자세히 들여다보면 여러 가지 실이 오묘하고 복잡한 상태로 짜여서 다양한 색상과 무늬를 만들어 낸나는 사실을 알게 됩니다. 이는 묘하게도 복잡하다는 의미를 갖는 영어 단어 complex와 일맥상통합니다.

complex는 실로 짰다는 의미의 라틴어 complexus에서 파생된 어휘인데요, 앞서 언급했다시피 천을 짜기 위해서는 씨실과 날실이라는 두 실이 복잡한 방법으로 얽혀야 가능합니다. 마치 그것을 나타내기라도 하듯이 complex는 둘 이상의 구성 요소가 얽혀 있는 복합체를 의미하며 더 나아가 여러 종류의 시설이나 조직체, 또는 사업체가 몰려 있는 단지를 의미하기도 합니다.

또 한편으로, 우리는 흔히 사람들의 언행에 빗대어 콤플렉스라는 말을 종종 씁니다. 그 콤플렉스라는 어휘는 스위스의 정신의학자 융Carl Gustav Jung, 1875-1961이 처음 사용한 용어로서 생각의 복합체를 가리키는 말입니다. 콤플렉스에는 강렬한 감정적 요소가 포함되어 있지만 대부분은 억압되어 무의식 속에 있기 때문에 의식과는 관계없이 별개로 개인의 사고, 감정, 행동에 영향을 준다고 합니다.

그래서 콤플렉스가 생기는 것은 대개의 경우, 갈등상황에서 발생하는데 그 갈등이 원활하게 해결되지 않았을 때 신경성이나 행동장애의 원인이 되면서 여러 가지 형태로 표출되는 것입니다. 또 묘하게도 콤플렉스와 엇비슷한 철자를 가진 complexion도 이것과 연관되어 있습니다. complexion은 복잡한 요소들이 나타나 있는 얼굴 표정, 즉 안색을 뜻합니다. 그렇습니다. 자기 몸의 상태라든지 복잡한 마음의 상태가 얼굴에 나타나는 것 아니겠습니까.

그러니까 콤플렉스라는 것을 생각해 보면 평소 만족스럽지 못한 것이라든지 아니면 이루지 못한 것에 대한 반대 급부적인 것이 표출되는 것, 그것이 콤플렉스입니다. 예를 들면 오이디푸스 콤플렉스Oedipus complex는 남자 아이가 어머니를 독차지하려는, 그래서 아버지에 대하여 갖는 반항심의 표출입니다. 프로이트Sigmund Freud, 1856-1939는 이와 같은 심리 상황에서 나타나는 어머니에 대한 근친상간적인 욕망을 그리스 비극 작품『오이디푸스 왕』에 빗대어 오이디푸스 콤플렉스라고 했습니다.

이외에도 사람들에게 꽤 알려진 콤플렉스를 열거해 보면, 먼저 오이디푸스 콤플렉스와는 반대로 여자 아이가 아버지에게 애정을 구하는 엘렉트라 콤플렉스Electra complex, 형제간의 우열 경쟁에서 생기는 적대적 감정을 가리키는 카인 콤플렉스Cain complex, 여자로서 남자에게 대적하여 지나친 남성성을 내세우며 남성적 직업을 선택하려 하거나 지나친 독립심을 내세워 독신을 고집하거나 또는 결혼을 하더라도 남편을 남성으로 대하지 않는 디아나 콤플렉스Diana complex 등이 있습니다.

그런데 문제는 현대를 살아가는 우리들이 계속해서 새로운 콤플렉스를 만들어 내고 있다는 점입니다. 착한 사람 콤플렉스, 워너비 콤플렉스, 피터팬 콤플렉스, 로리타 콤플렉스, 러브 콤플렉스 등등. 바라는 것이 많아짐에 따라 이루지 못한 것이 늘어나니 당연한 결과겠지요. 그렇다면 사람들은 왜 충족되지 못한 것을 털어 내지 못하고 마음에 담아 두고 있는 것일까요.

이루지 못한 것에 대한 미련, 자이가르닉 효과

그것은 사람들이 마무리되지 않은 것에 대하여 지속적으로 신경을 쓰기 때문입니다. 도모하던 일이 완성되어 매듭이 지어지면 긴장이 풀려 그 일은 기억 속에서 사라지지만 마무리되지 않은 미완의 일은 내면세계에서 지속적인 긴장 관계를 촉발시키며 오랫동안 남아 있게 되나는 것입니다. 이를테면 첫사랑이 오래도록 잊히지 않는 것이라든지, 실패한 사업에 대하여 미련을 떨쳐 버릴 수 없는 것이라든지, 학창 시절에 잘못하여 틀린 문제가 더 오래 기억된다든지 등등. 말하자면, 완결 짓지 못한 것에 대한 기억이 완료된 과제보다 더 또렷이 오래 지속되는 현상인데요, 이것이 바로 심리학에서 말하는 자이가르닉 효과Zeigarnik Effect입니다. 러시아 심리학자 자이가르닉Bluma Zeigarnik이 주장한 것으로서 그가 관찰하여 발표한 내용은 이렇습니다.

자이가르닉은 동료들과 식사하러 갔었던 레스토랑의 웨이터에 대하여 놀라움을 금치 못했습니다. 그 웨이터는 여러 명의 손님이 주문하는 내용을 메모도 하지 않고 정확히 기억하는 것이었습니다. 그런데 자이가르닉은 식사를 마치고 레스토랑을 나온 후, 소지품을 두고 온 사실을 알았습니다. 어쩔 수 없이 다시 그 레스토랑에 들른 자이가르닉은 또 한 번 놀랐습니다. 그 웨이터는 자이가르닉을 전혀 기억하지 못했기 때문입니다. 뿐만 아니라 아까 자이가르닉 테이블에서 어떤 음식을 주문했었는지 물어보자 그 웨이터는 "계산도 끝났는데 그것을 왜 기억해야 하죠? 저는 어떤 주문이든 서빙이 끝날 때까지만 기억합니다"라고 답하는 것이었습니다.

웨이터가 서빙하는 일이 끝날 때까지만 기억한다는 말에 착안하여 자이가르닉은 즉시 그것과 관련된 연구를 시작하였습니다. 실험자를 두 그룹으로 나누고 간단한 과제를 부여했습니다. 단, A 그룹은 실험을 시작할 때 과제를 주고 종료할 때까지 그대로 두었습니다. 반면에 B 그룹은 시작할 때 과제를 주기는 했지만 일정 시간 뒤에 중단시키고 다른 과제로 바꾸게 하면서 주어진 과제를 끝내지 못하게 방해하였습니다. 실험을 끝낸 후, 실험 참가자들에게 과제를 잘 기억하고 있는지 물어보았습니다. 그러자 과제가 바뀌어 방해를 받았던 B 그룹의 참가자들이 과제를 완결한 A 그룹의 참가자들보다 기억을 잘 하고 있는 것으로 나타났습니다.

이렇듯 사람들은 마무리되지 못한 것에 대하여 미련을 갖고 집착하게 되는데 이것이 소위, 자이가르닉 효과입니다. 그런데 이것은 사람들을 끌어들일 목적에 대한 수단으로서 종종 활용되고 있습니다. 예컨대 TV 드라마는 각 회를 종료할 때 그다음 이어질 회의 내용이 어떨지 궁금증을 유발시키며 끝을 냅니다. 어쨌든 시청자에게 미완성되었다는 것을 기억시켜서 다음 회를 기다리게 만드는 것이지요. 이것은 신문이나 각종 미디어에 연재되는 소설이나 만화에도 똑같이 적용됩니다.

하지만 세상을 살다 보면 무슨 일이든 깔끔하게 마무리를 짓는다는 것이 그리 쉽지는 않습니다. 어정쩡한 상태로 불만스럽지만 어쩔 수 없이 끝내는 것이 다반사입니다. 그러니 마음속에는 항상 걸리는 것이 있게 마련이지요. 이러한 사람들의 심리상태를 역이용하여 기업들은 무차별 광고 세례를 퍼붓습니다. 늘씬한 모델들이 나와 멋진 옷을 입고 매력을 한껏 뽐냅니다. 이 옷을 구매하여 입으면 이렇게 멋진 모델처럼 보일 것이라는 겁니다. 또 아름다운 얼굴의 여성 모델이 등장하여 화장품을 사용하는 광고도 있습니다. 이것 역시 화장품을 사용하면 자신처럼 아름답게 된다는 것을 알리려는 겁니다.

이 모든 것은 일반인들이 갖고 있지 못해서 늘 갖게 되기를 소망하는 것들입니다. 말하자면 사람들이 갖고 있는 콤플렉스인데요, 기업들은 이와 같은 사람들의 콤플렉스를 자극하여 상품을 판매하려고 합니다. 그러나 조금만 생각해 보면 패션모델이 멋지게 보이는 건 옷 때문이 아닙니다. 그 모델은 원래 아름다운 몸매를 가지고 태어난 것이지요. 그 체격 조건 때문에 모델이 된 겁니다. 그리고 화장품 모델도 화장품을 사용하여 아름다운 얼굴이 된 것은 아닙니다. 원래 아름다운 얼굴을 가지고 태어났기에 화장품 모델로 기용된 것이지요.

이렇게 잘못된 판단을 하는 것만 보아도 콤플렉스가 미치는 영향은 크다고 할 수 있습니다. 그런데 주목해야 할 점은 누구나 콤플렉스 하나쯤은 가시고 있나는 것이시요. 그래서 그 콤플렉스가 언제 어디서나 무의식적으로 작용하면서 사람들을 비정상적으로 움직이게 만든다는 겁니다. 그렇다면 약하고 무기력한 모습이기는 하지만 콤플렉스가 작용하기 전에 나를 한 번 냉철하게 들여다보는 수밖에 없지 않겠습니까.

plex, plic(=to fold 접다, to weave 천을 짜다)

application[æ̀plikéiʃən] <ap(=toward)+plic+ate(=to make)+ion(=condition)>
적용, 응용, 신청, (약을) 바름
complexion[kəmplékʃən] <com(=together)+plex-+ion(=condition)> 안색,
외관, 용모, 양상, 기질
duplex[djúːpleks] <du(=two)+plex> 이중의, 복식의, 두 배의
implicate[ímpləkèit] <im(=in)+plic+ate(=to make)> 관련시키다,
연루시키다, 결부시키다, 함축시키다
perplex[pərpléks] <per(=completely)+plex> 당혹케 하다, 복잡하게 하다

▶같은 듯 같지 않은 단어들

• cure[kjuər] (치료법을 통하여) 병을 고쳐주다, 낫게 하다

At one time the doctors couldn't cure people of TB.
예전 한때 의사들은 폐결핵을 치료하지 못했었다.

• heal[hiːl] (병, 상처, 마음의 아픔 등) 을 치료하다, 정화시키다

Jane and her sister have healed the family rift and visit their family every weekend.
제인과 그의 자매들은 가족 간의 불화를 치유하고 주말마다 가족을 방문하고 있다.

• recovery[rikʌ́vəri] (병든 사람의) 회복, 쾌유

The doctors expect Jack to make a full and speedy recovery.
의사들은 잭이 완전히 그리고 빠르게 회복될 것으로 기대하고 있다.

04 Flame

새로운 것을 낳는 기운

> flame[fleim]
> ① 불꽃, 불길
> ② 불같은 색채
> ③ 정열, 정열, 격정
> ④ 애인, 연인
> ⑤ 불태우다, 타오르다

인류 문명을 밝힌 불

불은 인류 문명의 시작을 의미합니다. 고대인들은 불이 원래 신의 전유물인데 인간 자신들도 불을 갖게 됨으로써 신과 같은 비슷한 존재가 되었다고 생각했습니다. 이를테면 자신들이 신과 같은 능력을 갖게 되었다고 믿기 시작한 것인데요, 그리스 신화가 그것을 잘 보여 줍니다. 신화 속에서, 프로메테우스는 진흙으로 인간을 만들고 제우스가 가지고 있던 불을 몰래 가져다가 인간에게 줍니다. 자신의 이복형제인 프로메테우스가 불을 훔쳐다가 인간에게 전해 준 것에 대하여 화가 난 제우스는 프로메테우스와 인간에게 각각 벌을 내립니다.

먼저, 제우스는 프로메테우스를 카프카스 산으로 끌고 가 쇠사슬로 묶어 놓고 독수리로 하여금 그의 간을 쪼아 먹게 합니다. 상처가 아물 때쯤 또다시 독수리를 보내 쪼아 먹도록 했습니다. 프로메테우스가 죽어 버리면 고통이 끝나 버리니 죽지 않게 하면서 계속 고통을 주었던 겁니다. 한편 인간에게는 모두를 벌 줄 수 있는 방법을 찾아냈습니다. 그것은 바로 최초의 여자인 판도라를 보내 인간 세상의 모든 재앙이 담긴 상자를 열게 만들고 그것으로 인해 고통이 시작되도록 했던 겁니다.

아무튼 인간은 불을 얻기 위해 커다란 대가를 치른 셈인데 결과를 보면 그 대가를 치르고도 남을 만큼 불의 파급력은 엄청난 것이었습니다. 우선, 불은 어둠을 밝혀 인간이 활동할 수 있는 시간을 늘려 주었습니다. 또 맹수의 습격은 물론 추위로 인한 생존의 위협을 줄여 주었지요. 뿐만 아니라, 음식을 익혀 먹음으로써 발육과 건강 상태가 좋아졌고 그 결과 수명이 늘어남은 물론 자식을 낳고 키우기가 용이해져 인구가 현격하게 증가하기 시작했습니다. 또한 광석으로부터 필요한 금속을 얻을 수 있게 되었고, 구운 벽돌과 같은 건축자재를 만들 수 있게 되었지요. 인간은 이런 것들을 가지고 튼튼한 건축물을 짓고 모여 사는 도시를 건설하였고 이렇게 하여 문명사회가 시작된 것이지요.

좋은 면이 있으면 나쁜 면이 있는 것은 불도 마찬가지입니다. 인간 생활에 필수불가결한 것임에도 불구하고 잘못 다루게 되면 불은 우리 몸에 화상을 입히고, 또 집과 도시를 불태워 순식간에 잿더미로 만들어 버립니다. 또한 불은 폭탄과 같은 대량 살상 무기에 이용되며, 무엇보다 현재 지구 온난화를 가속시켜 기후 변화로 인한 환경 파괴의 주범으로 지목받고 있습니다.

매음굴은 불이 있는 곳

옛날로 거슬러 올라가 보면, 불은 고대 인도유럽어 pūr에서 유래를 찾을 수 있습니다. 장례 제도 중 하나인 화장을 하기 위한 장작더미, 즉

pyre가 그것입니다. 그것이 오랜 세월을 거치며 각각 다른 형태로 전해지며 오늘날까지 내려왔는데 불꽃이라는 영어 단어 flame은 라틴어 flamma에서 시작되어 고대 불어 flame를 거쳐 영어에 유입되었습니다. 또한 작은 불꽃을 의미하는 flammula는 고대 불어에서는 flambe으로 사용되었는데 이것으로부터 불꽃 모양의 화려한 고딕 건축 양식을 뜻하는 flamboyant, 그리고 브랜디를 끼얹고 불을 붙인다는 의미의 flambé가 나왔습니다. 또 노골적인이라는 의미를 띤 flagrant는 라틴어 flagare에서 나온 어휘인데 이것은 현장에서 일을 벌이고 있는 현행범이라는 어구 in flagrante delicto에서 유래된 것입니다. 요즈음 in fagrante delicto는 불륜과 연관되는 경우가 있는데 아마도 flame이 마음에 불을 지르는 연인과 연관되기 때문이겠지요.

또 간통의 의미를 갖고 있는 영어 단어로 fornication이 있습니다. 이것은 라틴어 fornicari에서, 더 올라가면 fornix에서 나온 겁니다. fornix는 비유적으로 매춘부들이 있는 지역, 즉 사창가나 매음굴을 뜻하지만 원래는 아치arch 또는 아치형의 천정이 있는 방을 의미했던 낱말입니다. 또 형태가 비슷한 라틴어 fornus는 아치형 덮개가 있는 오븐을 가리키는 말이었는데 이것과 연관되는 것이 바로 화로를 뜻하는 영어 단어 furnace입니다. 이 어휘들은 서로 연관되어 있다고 볼 수 있습니다. 왜냐하면 고대 로마시대 매춘부들은 아치형 건물 앞에서 또는 빵을 굽는 아치 모양의 오븐 근처에서 호객행위를 했었습니다. 그렇게 보면 벽난로 furnace와 부적절한 관계 fornication, 이 두 낱말은 모두 뜨거운 불과 연관되는 것이지요.

매춘을 생각하면 부정적인 이미지를 떠올리게 되겠지만 매춘은 생각보다 오랜 역사를 가지고 있습니다. 학계에서는 매춘의 역사를 대략 5000년쯤으로 보고 있으니까요. 기원전 4500년경 메소포타미아 지방에는 많은 신전들이 산재해 있었는데 매춘의 풍습은 그곳에서 시작된 것으로 보고 있습니다.

당시 신전은 사람들이 신을 모시는 성스런 곳이기도 했지만 먼 곳에서 모여드는 순례자들의 숙박업소이기도 했습니다. 신전 측에서는 신전을 찾아오느라 피로에 지친 순례자들을 여자 승려들로 하여금 접대하게 했는데 이것이 발단이 되어 육체적 회포까지 풀어주는 쪽으로 변질된 겁니다. 그런데 염불보다는 잿밥에 마음을 둔 사람들이 몰려들자 신전 측에서는 할 수 없이 몸을 파는 접대부를 두기 시작했지요. 매춘은 갈수록 더 성황을 이루어 지탄을 받게 되었지만 이로부터 생기는 재정 수입 때문에 신전 측은 모른 척 방임할 수밖에 없었습니다.

기원전 60년경 로마에도 매춘부들이 3만 명 정도가 있었다고 합니다. 당시 로마 인구를 대략 100만 명 정도로 추산하고 있으니 매춘 산업이 상당히 번창했었다는 것을 알 수 있습니다. 매춘을 하는 방에는 침대 대신 마루에 매트를 깔고 목욕을 할 수 있도록 되어 있었는데 로마의 목욕 문화를 접목시킨 것이겠지요. 로마 전성기에 들어서서는 목욕탕이 800여 개가 있었으며 목욕탕에서의 매춘이 도를 넘어서자 급기야 목욕을 일주일에 한 번으로 제한하는 일까지 있었습니다.

금지된 불장난, 불륜

매춘과 관련된 것으로 한때 원조교제라는 말이 유행한 적이 있었습니다. 일본어 엔조코사이에서 온 말이지요. 딸같이 어린 소녀를 금전적으로 도와주는 교제. 그 허울 좋은 명분으로 미성년자 성매매를 하는 것이었습니다. 그렇다면 윤리적으로 금기시되어 있는 매춘이 끊이질 않는 이유는 무엇일까요. 그것이 비록 잘못된 것일지라도 근본적으로는 매춘이 이성에 대한 탐닉이기 때문입니다. 다시 말하면, 본능적인 것이기 때문에 그 유혹의 늪을 아예 외면할 수 있는 사람은 많지 않습니다.

예컨대 아니 에르노Annie Ernaux 1940년 출생는 대학에서 학생들을 가르치며 청소년기, 결혼, 부모 등을 소재로 자전적인 글을 많이 쓴 프랑스 작가인데, 존경받는 한 지식인과 연하 유부남의 불륜을 다룬 소설『단순한 열정』에서 주체할 수 없는 사랑의 감정을 이렇게 표현하였습니다.

> 약속 시간을 알려올 그 사람의 전화 말고 나른 미래란 내게 없었다. 나는 이 남자와 함께 침대에서 보낸 오후 한나절의 뜨거운 순간이…… 내가 고통스러운 것은 그와 거의 쉬지 않고 사랑을 나누고 그것이 채 가라앉기도 전에 그 사랑을 되새김질하며 다시 그를 기다리기 때문이다……. 정말 이렇게 살아야 하나? 기다림과 고통, 나른함과 욕정 사이를 오가며…….

무차별적으로 빠져드는 본능적인 애욕. 그것으로부터 초월할 수 있는 사람은 거의 없을 겁니다. 그래서 그런지 러시아의 대문호인 톨스토이Lev Nikolayevich Tolstoy, 1828-1910도 젊은 날 한 여성과 불륜의 늪에 빠졌습니다. 그는 그녀와 함께 나눈 사랑을 기록해 두었지만 자신이 죽을 때까지도 세상에 내놓지 못했습니다. 그 글은 그의 사후에 세상 밖으로 나왔는데 그것이 바로 『악마』라는 단편소설입니다. 우선, 소설의 일부를 인용해 보겠습니다.

> 아무리 보지 않으려 애써도, 짚을 나르고 있는 스테파니다의 까만 눈동자와 빨간 머릿수건이 몇 번이나 눈에 띄었다. 예브게니는 한두 번 그녀를 곁눈질하다가, 또다시 스스로도 설명할 수 없는 무언가가 속에서 일어나는 것을 느꼈다. 바로 다음 날 다시 마을의 곡식 창고로 가서, 그 젊은 아낙의 낯익은 모습에 하염없이 애정의 눈빛을 보내며 아무런 이유 없이 두 시간을 보내고 있을 때, 그는

문득 자신이 파멸했음을, 완전히 돌이킬 수 없이 파멸했음을 깨달았다. 또다시 그 고통이, 그 모든 끔찍한 공포가 찾아온 것이었다.

톨스토이의 단편소설 『악마』는 아내 아닌 다른 여자와의 부적절한 관계를 고민하는 남자 주인공이 결국 스스로를 짐승으로 여기고 자살하는 내용으로 되어 있습니다. 내용은 그렇지만 사실은 톨스토이 자신이 자신의 농민 제자의 아내와 저지른 불륜을 다룬 자전적인 소설입니다. 생전에 출간하지 못했던 것은 아내가 두려워서라기보다는 아내에게 미안해서 그랬을 거라고는 하는데 위대한 소설가이자 종교인, 그리고 교육자로 존경받는 톨스토이조차도 왜 금기사항을 지키지 못했던 걸까요.

사고억제의 역설적 효과

사람들은 관습적으로 지켜야 하는 것에 대한 강박사고에 대하여 자동적으로 과도한 중요성, 책임감, 통제성을 부여합니다. 그럼에도 불구하고 그것을 어길지 모른다는 불안감 때문에 그 자체를 억제하거나 제거하려는 노력을 기울이게 됩니다. 그러나 그 노력이 오히려 역효과를 불러일으켜 불안감을 자꾸 의식하는 결과를 초래한다는 겁니다.

심리학자인 웨그너Wegner와 동료들은 실험을 통하여 어떤 생각을 억제하려고 하면 할수록 그 생각이 더 잘 떠오르는 사고억제의 역설적 효과 Paradoxical Effects of Thought Suppression를 보여 주었습니다. 실험인즉슨, 실험 참가자들 모두에게 5분 동안 떠오르는 생각을 자유롭게 말하도록 한 뒤 실험 참가자를 두 팀으로 나누고 한 팀에게는 사고억제를 지시하고 다른 한 팀은 자유롭게 사고하게 하는 상황 속에 미션을 바꾸며 여러 가지 실험을 진행하였습니다. 그 결과, 특정한 것을 절대로 생각하지 말라는 사고억제를 지시받은 사람들이 자유롭게 생각하도록 허용받은 사람들보다 특정한 것에 대한 생각을 더 많이 한 것으로 나타났습니다.

따라서 강박장애를 지닌 사람들은 슬그머니 끼어드는 금지된 사고를 억제하려고 노력하지만 오히려 더 빈번하게 떠오르는 악순환을 경험할 뿐입니다. 하지 말라고 말을 들어서 또는 지적을 받아서 안 하려고 하면 알수록 더하게 되나는 것이시요. 그래서 훌륭한 인품을 갖고 사회적으로 존경받는 사람들이 의외로 금지된 욕망의 늪에 빠져드는 것인지도 모릅니다.

mis(=badly, wrongly, incorrectly, 나쁘게, 잘못되어)

misdeed[misdi:d] <mis+deed(=action)> 나쁜 짓, 범죄
misdemeanor[misdimí:nər] <mis+demeanor(=behavior)> 비행, 악행, 나쁜 행실
misfire[misfaiər] <mis+fire> (총이) 불발되다, 점화되지 않다, 실패하다
mishap[míshæp] <mis+hap(=happening)> 불행한 사건, 재난, 사고
mislead[mislí:d] <mis+lead> 잘못 이끌다, 속이다

▶같은 듯 같지 않은 단어들

• **basement**[béismənt] (주거용 및 구조물의) 지하층, 지하 공간

  Kitchen goods are sold in the basement.
  주방용품은 지하층에서 판매합니다.

• **cave**[keiv] (지형적으로) 절벽이나 산에 있는 동굴

  There is a cave more than 500 feet deep in the mountain.
  그 산속에는 깊이가 500 피트나 되는 동굴이 있다.

• **cavern**[kǽvərn] 보통 지하에 있는 큰 동굴

  We explored a cavern that at that time it was used for pagan rites.
  우리는 그 당시 이교도들의 의식에 사용되었던 동굴을 탐사하였다.

• **cellar**[sélər] 창고 용도로 쓰이는 건물의 지하실

  The box of papers had been stored in a cellar at the building.
  그 종이 박스는 그 건물의 지하실에 보관되어 있었다.

05 Alibi

나 아닌 나

alibi[ǽləbài]
① 현장부재 증명, 알리바이
② 변명
③ 변명하다
④ 알리바이를 증언하다

난 아니야, 범인이 아니야

알리바이라는 말을 들으면 머릿속에 어떤 생각이 드는지요. 우선 죄를 저질러 경찰에 쫓기는 범죄 용의자가 범죄를 부인하는 모습이 떠오를 겁니다. 알리바이는 자신이 범죄 현장에 있지 않았다는 것, 즉 범행 현장 이외의 다른 어딘가에 있었다는 뜻이기 때문입니다. 원래 alibi는 다른 것을 뜻하는 라틴어 대명사 alius의 처소격 어휘입니다. 즉, 장소를 의미하는 어휘이지요. 그런데 그것이 영어에 처음 유입되었을 때에는 법률적 의미로 다른 곳 어딘가를 의미하는 어휘였습니다. 그러다가 18세기 말에 alibi는 범죄가 저질러진 시간에 다른 곳에 있었다는 답변을 의미하게 되었고, 20세기에 들어와서는 뜻이 더 일반화되어 변명이라는 뜻까지 추가되었습니다.

앞서 나왔던 라틴어 alius와 연관된 파생어가 하나 더 있는데 그것이 바로 가명이라는 뜻을 갖고 있는 alias입니다. 16세기경 유입되어 법률적인 상황을 기술하는 문맥에서 많이 사용되었지요. 직업의 특성 때문에 작가나 연예인들은 가명을 많이 쓰게 되는데 그 나름의 어떤 목적이 있을 겁니다.

말이 나온 김에 사람들이 가명을 쓰는 이유를 살펴본다면 다음 세 가지로 압축됩니다. 먼저, 부르기 어렵거나 너무 길어서 잘 외워지지 않는 불편한 이름들이 있는데 이런 점을 해소시키기 위하여 단순화한 가명을 만들어 사용합니다. 한국인의 이름은 대체로 세 글자 또는 길어야 네 글자가 보통입니다. 그러나 서양식 이름은 보통 퍼스트네임, 패밀리네임, 거기에다가 미들네임이 하나 또는 두 개인 경우가 있습니다. 예를 들어 Edaa Kathleen van Heemstra 같은 이름이 있으면 너무 길기 때문에 한두 번 들어서는 외우기 힘듭니다. 그래서 그 긴 이름을 사용하기에 편하도록 줄여서 Audrey Hepburn 같은 가명으로 바꿔서 사용하는 겁니다.

두 번째는 다른 사람의 관심을 끌기 위해 유명인의 이름을 가져다가 자신의 가명으로 사용하는 겁니다. 일례로 레스토랑에 가보면 유명 연예인 이름이 새겨진 명찰을 가슴에 달고 일하는 종업원들을 볼 수 있습니다. 자신의 본명을 내세우기는 좀 꺼려지고 그래서 다른 이름을 사용할 바에는 유명 연예인 이름을 써서 관심도 끌고 또 자신을 기억할 수 있게 만드는 것입니다.

마지막으로 단순히 과거의 내력을 숨기고 싶거나 또는 어떤 목적을 가지고 이름을 바꾸는 경우가 있습니다. 말하자면 과거의 이미지를 단절시키려는 의도에서 이름을 바꾸는 겁니다. 왜냐하면 이름이라는 것이 문자로 쓰이거나 소리로 발성되는 순간 그 이름과 이미지가 연결됩니다. 기호는 미래 지향적으로 반복되는 연속성을 갖게 되지만 그 기호와 연결되는 이미지는 이미 고착된 과거의 이미지입니다. 그러니 이전과 다른 모습을 원한다면, 다시 말해 이미지를 바꾸려면 이름을 바꿔야 합니다.

전설적인 미녀 첩보원 마타하리, 그것은 가명

그런데 실제로 이렇게 이름을 바꿔가며 다른 사람 행세를 했던, 그러니까 실제로 영화에서나 나올 법한 전설적인 첩보원이 있었습니다. 1차 세계대전 당시, 즉 1910년대 유럽을 주름잡던 팜므 파탈의 대명사 마타하리Mata Hari, 1876-1917가 바로 그녀인데 그녀 역시 새로운 사람으로 활동하기 위하여 마가레타 게르투뤼드 젤러라는 본명 대신에 여명의 눈동자라는 뜻의 마타하리를 가명으로 사용한 겁니다.

원래 네덜란드에서 태어난 마타하리는 육군 장교와 결혼하여 인도네시아 자바 섬에서 평범한 가정을 꾸리고 살던 주부였습니다. 그러나 남편의 술주정으로 인한 가정불화로 이혼한 후, 그녀는 파리로 건너가게 됩니다. 아름답고 이국적인 용모 탓에 마타하리는 파리에 도착하자마자 물랑루즈 같은 유흥업소에서 무희로 일하게 됩니다.

그런데 검은 머리, 까무잡잡한 올리브색 피부, 커다란 갈색 눈동자, 또렷한 이목구비, 아름답고 풍만한 몸매 등 서구적이면서도 동양적인 미를 갖춘 마타하리는 클럽에서 춤을 추기 시작한 지 얼마 안 되어 유럽 사교계의 꽃으로 떠오릅니다. 그녀는 외모에서 풍기는 동양적인 신비감, 게다가 몸매가 훤히 드러나는 노출이 심한 의상을 입고 자극적인 몸놀림을 섞은 스트립 댄스 같은 변형된 밸리 댄스를 선보였습니다.

그녀의 몸놀림에서 나오는 뇌쇄적인 아름다움은 유럽의 모든 남성들의 눈길을 단번에 사로잡았습니다. 그러자 그녀는 자신의 매력을 한껏 높이기 위하여 자신이 인도네시아 자바 왕국의 공주, 또는 인도의 여사제 등으로 자신의 과거 내력도 날조하기 시작했습니다. 신비스러운 과거 이력, 고혹적인 이미지, 날이 갈수록 마타하리의 주가는 천정부지로 치솟았고 그러한 그녀와의 원나이트 스탠드를 거절할 남자는 어디에서도 없었습니다. 특히 유럽 각국의 지도층 인사들은 그녀와의 만남에 목을 매게 되었고 그녀는 그 점을 이용해 그들을 하나씩 자신의 침실로 불러들였습니다.

그러던 중에 1차 세계대전1914-1918이 터졌습니다. 바로 그때, 유럽 각국의 정계와 재계의 주요 인물과 수시로 접촉하는 유명 인사, 마타하리를 주목한 것은 독일 정보 요원들이었습니다. 그들은 마타하리에게 접근하여 적군의 정보를 빼내 달라고 부탁하였습니다. 물론 그에 상응하는 대가를 약속했겠지요. 마타하리 입장에서는 엄청난 돈을 챙길 수 있는 기회를 마다할 이유가 없었습니다.

마다하지 않아서 이름이 마타하리인 것은 아니지만, 하여튼 그녀는 당시 독일과 적대적이었던 영국, 프랑스의 고위층 인사들에게 의도적으로 다가가 그들을 유혹하고 정보를 빼내 독일 정보요원에게 넘겨주었습니다. 몇 차례 고급 정보를 빼내어 독일 측으로 넘겨주던 마타하리는 프랑스 정보요원에게 붙잡히게 됩니다. 그런데 의외로 프랑스 정보국은 그녀에게 프랑스를 위해서 일하는 것이 어떻겠냐는 제안을 합니다. 이렇게 하여 마타하리는 양국을 오가며 스파이 행각을 벌이게 되지요. 그러던 어느 날 마타하리는 스파이로서 치명적인 과오를 저지르게 됩니다.

무희로서 또 스파이로서 위태로운 첩보 활동을 하던 중에 마타하리는 카나리스라는 독일 정보 장교를 만납니다. 감정이 배제된 채 일로서 사람들을 만났던 이전과는 달리 그 두 사람은 사랑에 빠지게 됩니다. 그러던 중, 상부로부터 스파이를 프랑스로 파견하라는 지시를 받은 카나리스는 마타하리가 프랑스 정보요원들에게 주시를 받고 있다는 것을 알면서도 프랑스로 가게 합니다. 카나리스는 가기 싫어하는 마타하리에게 이번 일만 마치고 돌아오면 결혼하겠다는 말로 달래면서 말입니다. 사실 카나리스는 마타하리를 사랑하는 것보다는 출세해 보겠다는 야망이 더 컸던 것이지요.

파리에 도착한 마타하리는 곧바로 프랑스 정보요원에게 체포되어 재판에 회부됩니다. 마타하리는 독일 편에 서서 스파이 활동을 한 적이 없다고 항변했지만 프랑스 군사법정은 그녀의 활동 때문에 프랑스가 입은 손해를 열거하며 그녀에게 사형을 선고합니다. 그렇게 된 배경에는 프랑스 고위층 인사들이 그녀와의 관계가 탄로 날까 우려하여 처벌을 서둘렀을 가능성이 높습니다. 전시 중임을 감안하더라도 마타하리의 재판은 너무나 신속하게 진행되어 한편의 드라마와도 같았던 그녀의 삶은 1917년 10월 15일 파리 외곽에서 총살형으로 마감되었습니다.

복수의 화신 몽테크리스토 백작, 역시 가명

마타하리는 가명을 써 가며 스파이로서 명성을 날렸던 실존 인물이었습니다. 그런데 가공의 세계에서도 가명으로써 자신을 숨기며 통쾌한 복수를 해 나가는 흥미진진한 이야기가 있는데 바로 프랑스 소설가인 알렉상드르 뒤마Alexandre Dumas, 1802-1870가 쓴 『몽테크리스토 백작』이라는 소설입니다. 뒤마는 프랑스 대혁명과 나폴레옹 집권 시기 등 프랑스의 격변기를 살아오며 처음에는 극을 썼던 극작가였습니다. 그런데 1820년대 들어 잡지에 소설을 연재하는 것이 유행처럼 번질 때 인기도 얻고 큰돈을 벌기 위하여 소설을 쓰기 시작했습니다. 그즈음 나온 유명한 소설이 『삼총사』와 『몽테크리스토 백작』입니다. 이 『몽테크리스토 백작』은 출간되자마자 엄청난 인기를 끌었고 해외로 번역되면서 그는 일약 유명 작가 반열에 오르게 됩니다.

인기 작가가 되면서 생활이 안정되자 그는 음식, 여행, 여성 편력 등 쾌락 추구에 지나치게 몰입합니다. 대중적인 인기와는 별개로 그의 생활은 피폐해졌고 늘어나는 빚을 갚기 위해 그는 점점 많은 글을 써야 했습니다. 전혀 의도한 바는 아니었지만 그것은 그를 다작의 작가로 만드는 긍정적인 결과를 낳았습니다. 또한 방탕한 생활을 하면서 여러 명의 사생아를 두었는데 그중에는 후에 『춘희』를 쓴 뒤마 2세도 있습니다. 하지만 작품 경향은 전혀 다릅니다. 아버지의 무절제한 삶을 반면교사로 삼아서 그런지 뒤마 2세는 작품 속에서 결혼의 신성함을 피력하곤 하였습니다.

아무튼 당시 엄청난 인기몰이를 했었던 『몽테크리스토 백작』은 당시 정치적 격변기의 모습을 반영하고 있습니다. 이를테면 정치적 음모에 휘말린 주인공의 사랑과 배신, 모험, 그리고 복수를 그린 소설입니다. 뒤마는 프랑수아 피코라는 실존 인물에 관한 기사를 읽고 파리 경찰의 기록보관소에 있는 문서를 참조하여 이 소설을 썼다고 합니다. 소설의 줄거리는 이렇습니다.

> 마르세유 출신의 스물한 살짜리 선원 에드몽 당테스는 결혼식 전날 영문도 모른 채 체포되어 종신형 선고를 받고 마르세유 앞바다에 있는 고독한 섬 이프의 감옥에 갇힌다. 그는 나폴레옹이 귀환, 그리고 100일간의 통치를 둘러싼 역모에 연루되었기 때문이었다. 당테스는 감옥에서 옆방의 죄수 파리아 신부와 알게 되는데 그로부터 음모의 내막을 알게 된다. 당테스는 복수심을 불태우며 파리아 신부로부터 세상 물정을 비롯한 많은 것을 배운다. 또한 파리아 신부로부터 엄청난 보물이 묻혀 있는 보물섬 지도도 받게 된다. 어느 날 파리아 신부가 죽자 당테스는 파리아 신부의 시체를 담았던 자루에 대신 들어가 이프 섬 감옥을 탈출한다. 그 후, 당테스는 몽테크리스토 백작으로 이름을 바꾸고 파리아 신부가 남긴 보물을 찾아내어 유럽에서 손꼽히는 부자가 된다. 그런 다음 그로부터 배운 지식을 동원하여 복수를 시작한다.
> 그러나 복수가 이루어지면서 몽테크리스토 백작은 자신의 행동을 하늘의 뜻으로 여겼지만 복수에 대하여 회의를 느끼기 시작한

다. 생각한 것보다는 복수가 잔인한 것이었기 때문이었다. 마침내 모든 복수를 끝낸 뒤, 몽테크리스토 백작은 전 재산을 파리의 가난한 사람들에게 나누어 주라는 편지를 남기고 수평선 끝으로 사라진다.

뒤마는 이 소설 속에서 젊은 날의 순수함을 외부의 요인 때문에 강탈당하고 난 후, 피폐해진 삶을 살아가는 주인공의 모습을 보여 수었습니다. 또 그로 인하여 생겨난 증오 때문에 복수로 이어지는 주인공의 삶을 드라마틱하게 그려 내었습니다. 어쩌면 뒤마는 인간이 문명 속에서 갈구하는 욕망 때문에 얼마나 많은 죄를 짓게 되는지, 또 그것으로 인하여 얼마나 많은 고통을 당하게 되는지를 보여 주려고 했는지 모릅니다. 뒤마가 주인공 이름, 즉 몽테크리스토에다가 그리스도를 넣은 것도 주인공이 신의 대리자인 것을 암시하는 것이겠지요. 하여 신과 같은 능력을 가진 인간이 악행을 벌주고 또 착한 사람들에게 보상해 주는 신과 같은 행위를 대신하면서 또 한 편으로는 그리스도교의 모토인 용서를 암시하려 했던 것입니다.

ab(=away from, ~로부터 멀리; off, 떨어져)

abdicate[ǽbdikèit] <ab+dic(=to proclaim)+-ate(=to make)> 포기하다
abduct[æbdʌ́kt] <ab+duct(=to lead)> 유괴하다
abhor[æbhɔ́ːr] <ab+hor(=to shudder)> 혐오하다, 질색하다
abrupt[əbrʌ́pt] <ab+rupt(=to break)> 갑작스런, 불시의
absolve[æbzάlv] <ab+solv(=to lose)> 사면하다, 면제하다, 해방하다

▶같은 듯 같지 않은 단어들

• look for[luk fɔːr] (물건, 직업, 해결책 등을) 찾다

We are looking for practical solutions to the problems.
우리는 그 문제에 대한 실질적인 해결책을 찾고 있다.

• search[sɚːrtʃ] (무엇을 찾기 위해) 장소를 샅샅이 수색하다

The police searched the woods for the missing boy.
경찰은 미아 소년을 찾기 위하여 그 숲을 수색하였다.

• search for[sɚːrtʃ fɔːr] (어떤 해답이나 정보를) 찾다, 구하다

You can use a directory service to search for people on the internet.
인터넷으로 사람을 찾기 위해서는 디렉토리 서비스를 이용할 수 있다.

• seek[siːk] (해답이나 정보를) 찾다

The couple have sought help from marriage guidance counsellors.
그 커플은 결혼상담소 직원으로부터 도움을 구했다.

06 Secret

나 혼자만이

secret[síːkrit]
① 비밀, 기밀
② 비법
③ 해결의 열쇠
④ 신비

친밀도의 척도, 개인 거리

무차별적으로 밀려오는 서구 문화의 홍수는 나날이 세상살이의 모습을 바꾸어 놓고 있습니다. 개인주의를 존중하는 변화된 세태의 모습에서 무엇이든 공동으로 같이했던 미덕은 점점 구시대의 유물이 되어 가는 것을 느낍니다. 1인용 기구나 물품, 그리고 1인용 공간이 나날이 생겨나고 또 늘어갑니다. 개인전용 휴대폰과 컴퓨터, 그리고 1인용 밥솥과 소형 세탁기를 갖춘 원룸이라는 주거시설에다 개인 승용차까지. 이제 사람들은 점점 더 자신만의 개인 공간을 원하고 있습니다. 언론 보도를 보면, 실제로 여성들은 자신의 승용차에서 식사도 하고 화장도 고치고 휴식도 취하는 개인공간으로 활용하는 것으로 나타났습니다.

인간은 오랜 역사를 통해 진화해 오는 과정에서 집단을 형성하는 것이 위험 요소가 산재한 자연 환경 속에서 생존에 유리하다는 사실을 깨달았습니다. 이것이 유전자를 통하여 후대로 전해지면서 인간은 본능적으로 타인과 관계를 형성하려고 합니다. 그렇다면 다른 사람과 접촉을 차단하는 개인 공간, 이것을 선호하는 것은 어떻게 설명되어야 할까요.

심리학에서 거론되는 것으로 개인 거리라는 것이 있습니다. 개인 거리는 문화권에 따라 차이가 있는데 그것은 일상에서도 확인될 수 있습니다. 예를 들어, 대화를 하는 모습을 살펴보면 영국인과 미국인들은 일정 거리를 두고 떨어져서 이야기를 합니다. 반면에 남부 유럽인들은 가까이 서서 이야기하려고 하지요. 한 술 더 떠서 남미 사람들과 아랍인들은 최대한 붙어서 이야기하려 합니다.

어쨌든 우리는 사회생활 속에서 친한 사람인가, 단지 그냥 아는 사람인가, 또 전혀 모르는 사람인가에 따라 일정한 거리를 유지하게 되는데 이것이 소위 개인 거리입니다. 물론 친한 사람이면 가까운 거리에서 대면할 것이고 처음 보는 모르는 사람이 길을 물어 올 때에는 친한 사람보다는 더 먼 거리를 두고 말을 하게 될 겁니다. 이와 관련된 통설에 따르면 개인 거리에는 대체로 네 가지가 있다고 합니다.

먼저, 친밀한 거리intimate distance인데 연인들 사이, 엄마와 아기 사이에 허용되는 거리로서 50㎝ 이내의 거리를 말합니다. 여기에는 다른 사람들이 끼어들 여지가 없는 것이지요. 두 번째는 개인적 거리personal distance입니다. 보통 편하게 친구와 이야기를 나눌 때의 간격인데 대략 50㎝에서 1.2m 정도의 거리입니다. 세 번째는 사회적 거리social distance입니다. 1.2m에서 2m 정도의 거리로서 회의나 사업상 미팅을 할 때 보통 이 간격을 유지하고 이야기를 나누게 됩니다. 마지막으로 공공 거리public distance가 있습니다. 3.5m에서 7.5m의 거리인데 이것은 다수의 사람을 대상으로 큰 목소리를 주고받는 강의나 거리의 강연, 선거 유세 또는 행사에서 연사와 청중 사이의 간격을 말합니다.

따로 떼어 치워둔 것, 비밀

　이렇게 간격을 유지하는 것을 보면 사람들은 이율배반적으로 타인으로부터 떨어져 자신만의 공간을 소유하고자 하는 본능이 있는 것 같습니다. 생존에 유리하니 집단 속에 있기는 하지만 생존은 어차피 각자의 몫이라는 선가요. 개인을 뜻하는 영어 단어 individual이 그것을 시사해 줍니다. individual은 라틴어 indīviduus에서 유입된 어휘인데 나눈다는 의미의 동사 dīvidere 앞에 부정의 의미를 갖는 접두어 in-이 붙어 있습니다. 따라서 개인이란 다른 사람과 나눌 수 없다는 속성이 들어 있는 것이지요. 그래서 타인과 공유할 수 없는 것을 떼어서 따로 치워 두기도 합니다. 그중에는 아주 단단히 치워 두는 것이 있는데 그것이 바로 비밀입니다.

　그러면 비밀이라는 영어 단어 secret를 찬찬히 살펴볼까요. secret는 라틴어 secretus에서 유래되었는데 그것은 떨어져 있다는 se-와 분리시킨다는 뜻의 cretus가 붙어 있습니다. 영어 어휘로 보면 set apart, 다른 무엇으로부터 떼어 놓는 것이지요. 할 말을 가슴속 깊이 넣어 두거나 물건을 눈에 띄지 않는 장소에 감추어 둡니다. 그런데 비밀은 무엇을 감추어 둔 것인지 궁금해서 늘 알고 싶기 때문에 남의 비밀을 감추어 둔 공간에 들어가 보고 싶은 호기심이 발동하는 겁니다.

　어릴 적 재미있게 읽었던 『비밀의 화원』을 기억할 겁니다. 소설 제목이 'Secret Garden'이니 사람들로부터 숨겨져 있는 정원입니다. 여류 소설가인 버넷Frances Burnett, 1849-1924의 작품인데 그녀는 『비밀의 화원』 외에도 널리 알려진 어린이 소설 『소공자』와 『소공녀』를 써서 유명세를 누린 인기 작가였습니다.

　원래 그녀는 영국 맨체스터 출신으로서 어려서부터 책 읽기를 좋아하고 시를 짓는 등 일찌감치 문학적 재능을 보였다고 합니다. 하지만 부친을 잃고 난 후, 가정 형편이 어려워져 열여섯 살이 되던 해에 그녀는 외삼촌을 따라 미국으로 건너갑니다. 어려운 이민 생활 속에서도 글쓰기에 대한 꿈을 접지 않고 포도밭에서 일한 품삯으로 원고지를 사서 글을 썼다고 하지요. 그러다가 열일곱 살 때 잡지사에 글을 써 보낸 것이 채택되어 작가로서 길을 가게 됩니다. 그 후 결혼하여 두 아들을 두었는데 특히 둘째 아들의 말이나 행동에서 글 소재를 많이 얻었다고 합니다. 작품『소공자』가 그렇게 나온 것인데 버넷은 그 이후 유명 작가의 반열에 오릅니다.

『비밀의 화원』은 1911년에 발표된 소설입니다. 스토리는 어린이 소설이 그렇듯이 개연성은 좀 떨어지기만 어린이의 천진난만한 순수성, 그리고 상처받은 영혼을 치유하는 대자연의 위대함을 잘 보여 주는 소설입니다. 『비밀의 화원』의 시작 부분은 이렇습니다.

> 메리 레녹스가 삼촌 집에서 살기 위하여 미슬스웨이트 장원에 왔을 때, 누구든 그 아이를 본 사람은 세상에서 가장 재수 없는 아이라고 말했다. 그것은 사실이기도 했다. 그 아이는 가름한 얼굴과 가녀린 몸집, 가늘고 밝은 색 머리카락에 뚱한 표정을 짓고 있었다. …… 그녀는 병약하고 성마르고 건강 상태가 나쁠 때조차 동정은커녕 거추장스럽다고 따돌림을 당했다. 좀 더 자라서도 여전히 사람들에게 외면당했다. …… 여섯 살이 되었을 때 그 아이는 어린 돼지마냥 독단적이고 이기적인 아이가 되어 있었다.

시작 부분이 암시하듯, 인도 주재 영국 귀족의 딸이었던 메리는 열 살 때 콜레라로 부모를 잃고 영국 미슬스웨이트에 있는 외삼촌의 장원으로 보내어집니다. 도착 직후, 그 아이는 자기를 외면하는 꼽추 외삼촌을 비롯하여 장원 내에 몇 가지 수수께끼가 있다는 것을 알게 됩니다. 이를 테면 외숙모가 죽은 후 폐쇄된 정원, 그 문의 열쇠는 어디에 있는지 또 저녁

이면 가끔씩 들리는 아이의 울음소리. 마치 고딕 스릴러 소설 같은 이야 기는 이야기가 전개되어 감에 따라 하나씩 풀려갑니다. 메리가 비밀의 정 원을 발견하고 하녀 마사와 그녀의 동생 딕컨을 만나면서 이야기는 급진 전되고 마침내 병들어 갇혀 있던 외삼촌의 아들 콜린까지 건강해집니다. 메리가 죽어 있던 미슬스웨이트 장원에 새 생명의 숨결을 불어 넣은 것입 니다. "메리는 앞으로 아무리 여러 해가 지나도 비밀의 성원에 꽃이 피어 나던 그날의 아침을 잊지 못할 것이다"라는 소설 속의 문장. 그것으로 작 가는 독자들에게 희망과 위안, 그리고 활력의 메시지를 전해 주었던 것이 지요.

따로 떼어 버리기, 맥베스 효과

아이들을 위하여 따로 숨겨 두었던 비밀의 정원. 이렇게 따로 치워 두 는 비밀이 secret인데 그것과 묘하게 연관되는 excrement라는 영어 어휘가 있습니다. excrement의 의미는 배설물인데, 이것은 바깥을 뜻하는 ex-와 잘라낸다는 의미의 cernere가 합쳐진 라틴어 동사 excernere의 파생어인 excrēmentum에서 유래된 것입니다. 말하자면, 분리되어서 몸 밖으로 나 오는 땀, 콧물, 젖, 대변 같은 것을 지칭하는 말이었습니다. 그러다가 18 세기 중엽에 이르러 다른 의미는 없어지고 대변을 뜻하는 것으로 의미가 좁아졌습니다. 그런데 excrement배설도 그렇지만 따로 치워 두어 꽁꽁 숨 겨야 할 비밀을 의도적이든 아니든 밖으로 흘리는 경우가 있습니다. 본능 적인 것으로 일종의 카타르시스katharsis의 결과라고 할 수 있겠지요. 말하 지 말고 간직해야 되는 부담감을 덜려고 하는 것이니 어찌 보면 정화 행 위에 비유할 수 있습니다. 마치 나쁜 짓을 하고 난 후 손이나 몸을 씻는 것 과 마찬가지입니다.

이런 것과 관련지어 미국의 노스웨스턴 대학과 캐나다 토론토 대학에서 실험을 진행했습니다. 일단 참가자 자신이 변호사인데 경쟁 관계에 있는 동료 변호사로부터 긴급하게 서류를 찾아달라는 부탁을 받은 상황을 가정하도록 했습니다. 그리고 참가자를 A 그룹과 B 그룹으로 나누어 A 그룹은 서류를 찾고도 동료에게 찾지 못했다고 말하는 상황을, B 그룹에게는 서류를 찾아 동료에게 전달해 주는 상황을 상상하게 했습니다.

그렇게 한 후에 A와 B 두 그룹의 참가자들 모두에게 똑같이 포스트잇, 과일주스, 배터리, CD 케이스, 초콜릿, 샤워젤, 구강 청결제, 손 소독제, 욕실 청소제품 등의 목록을 나누어 주고 각각의 물건에 대하여 꼭 필요한 것에서 전혀 필요 없는 것까지 차등하여 점수를 매기게 하였습니다. 그랬더니 동료에게 거짓말 하는 것을 상상했던 A 그룹 참가자들이 B 그룹 참가자들보다 씻고 닦는 용품에 대하여 필요하다는 점수를 훨씬 더 많이 표기하였습니다.

이와 같이 나쁜 짓을 하거나 상상했을 때 사람들은 씻으려는 욕구를 갖습니다. 물로 씻어서 정화하려는 것이지요. 이것을 맥베스 효과Lady Macbeth Effect라고 합니다. 셰익스피어의 비극 작품 『맥베스』에서 던컨 왕을 죽이고 난 후 맥베스 부인이 손을 여러 번 씻는데서 나온 말이지요. 심리적인 것을 처리하는 뇌의 영역과 실제로 물리적인 것을 처리하는 뇌의 영역이 겹쳐 있기 때문에 손을 씻으려는 욕구 또는 행동이 전혀 근거 없는 것은 아닙니다. 그렇다고 손을 자주 씻는 사람들을 섣불리 의심하면 안 되겠지요. 그것은 결벽증 때문일 수도 있으니까요.

se(=apart, 떨어져서)

secession[siséʃən] <se+cess(=to go)+ion(=action)> 탈퇴, 탈당, 분리
secure[sikjúər] <se+cure(=care)> 안전하게 하다, 확보하다
sedition[sidíʃən] <se(d)+it(=to go)+ion(=action)> 난동, 선동, 치안방해
segregate[ségrigèit] <se+greg(=a flock)+ate(=to make)> 격리하다, 인종
　　　　　　　　　　　　차별하다
select[silékt] <se+lect(=to choose)> 선택하다, 발췌하다

▶같은 듯 같지 않은 단어들

• award[əwɔ́ːrd] (조직이나 기관에서 주는) 상, 상장, 상패

He won the Player of the Year award.
그는 올해의 선수상을 탔다.

• prize[praiz] (대회나 게임에서 이긴 사람에게 주는) 포상, 상품

There's a chance to win a prize if you can answer this question.
당신이 이 문제를 답한다면 상을 받을 수 있습니다.

• reward[riwɔ́ːrd] (사람들이 인정하는 어떤 일을 했을 때 주어지는) 보상

You deserve a day off as a reward for working so hard.
너는 열심히 일했기 때문에 보상으로 하루 쉴 만도 하다.

Honesty is the best policy.
정직은 최선의 방책이다.

07 Leisure

그냥 좀 놔 줘요

leisure[líːʒər, léʒ-]
① 틈, 여가
② 한가한 시간
③ 한가한, 여가의

레저, 하고 싶은 것을 하는 것

여가를 이용한 취미 생활이나 야외 활동 등을 통틀어 레저라는 말을 씁니다. 그런데 여가와 레저는 우리말과 외래어라는 차이 외에도 또 다른 무엇이 있습니다. 우리말 여가는 한자로 남는다는 의미의 여餘 그리고 틈 또는 틈새라는 뜻의 가暇라는 두 글자가 합쳐져 남는 틈, 남는 자투리 시간을 말합니다. 그러니까 해야 할 일을 모두 다하고 난 후에 남는 시간을 가리키는 겁니다. 어떻게 보면 수동적인 의미의 자유 시간이라고 할 수 있습니다. 그런데 영어 단어 레저leisure는 어원적으로 보면 허락을 받다 또는 더 나아가 하고 싶은 대로 할 수 있는 자유가 주어져 있다는 의미입니다. leisure는 허락을 받는 의미의 라틴어 동사 licere의 명사형이 고대 불어에 유입되어 leisir로 사용되다가 노르만어 leisour를 거쳐 leiser의 형태로 영어에 들어왔습니다. 이후 1500년대에 와서 비로소 오늘날과 같은 leisure가 된 것입니다. 허락을 받았으니 하고 싶은 것을 마음대로 해도 되는 것, 즉 적극적인 자유를 의미한다고 볼 수 있습니다.

하고 싶은 것을 마음대로 할 수 있다는 것이니 간섭을 받지 않는 자유로운 상태인데 이것은 레세페르라는 말과 연관이 됩니다. 예전에 한창 유행하던 노래 때문에 유행어가 되었던 케세라세라Qué será será, 그리고 렛잇비Let it be라는 것도 바로 레세페르와 맥을 같이합니다. 레세페르laissez-faire는 불어 어휘입니다. laissez는 내버려 두다는 뜻이고 faire는 하다라는 뜻이니 레세페르는 마음대로 하게 내버려 두라는 의미인 것이지요.

참견하지 말고 각자 하는 대로 내버려 두라는 레세페르는 원래 18세기 프랑스 중농주의자들의 주장입니다. 당시 프랑스 왕정에 관여하던 중상주의자들이 내세우던 무역 관세와 각종 규제 조치에 대하여 개인의 경제 활동에 대한 국가의 간섭을 원치 않았던 중농주의자들이 외쳤던 슬로건입니다. 하지만 마음대로 할 테니 간섭하지 말라는 주장이 실현되려면 그에 맞는 여건이 구축되어 있어야 가능한 것 아닌가요.

힘의 논리가 지배하는 역학 관계를 고려해 본다면 누구의 눈치도 보지 않고 하고 싶은 대로 할 수 있는 사람, 자기가 마음대로 할 수 있는 허가를 얻은 사람은 절대 왕정하에서 절대 권력을 휘둘렀던 군주뿐입니다. 그를 제외하고는 하고 싶은 것을 마음대로 할 수 있는 사람은 아무도 없습니다. 법 또는 관습에 따라 여러 가지 제약을 받게 되고 그것을 어길 경우에는 그에 상응하는 대가를 치러야 했습니다.

하지 말아야 할 레저, 원조교제

지난 20세기 중반 세계문학사상 전례 없는 센세이션을 불러일으키며 롤리타 콤플렉스라는 말을 유행시켰던 소설 『롤리타Lolita』의 주인공인 험버트는 원하는 대로 마음대로 해도 되는 그런 허가를 받은 사람은 결코 있을 수 없다는 사실을 너무나 잘 보여 줍니다. 『롤리타』는 러시아 출신의 미국 작가 블라디미르 나보코프Vladimir Nabokov, 1899-1977의 소설로, 1955년 프랑스에서 발간되어 판매 금지되었으나 1958년 미국에서 다시 발간되면서 전 세계적으로 돌풍을 일으켰던 작품입니다. 사회적으로 지탄의 대상이 되는 원조교제를 다루었기 때문인데 더구나 영화로 만들어지면서 세간의 관심은 대단했습니다.

『롤리타』를 쓴 나보코프는 제정 러시아 말기 상트페테르부르크의 부유한 가문에서 태어났습니다. 유복한 청소년기를 보내던 그는 17세 때 볼셰비키혁명이 발발하여 국외로 빠져 나온 후 다시는 고국 러시아로 돌아가지 못했습니다. 이 사실에 대해 나보코프는 운명이 자신에게서 소년 시절을 완전히 앗아가 버렸다고 말했습니다.

나보코프는 러시아에서 망명한 이후 케임브리지 대학에서 동물학을 연구하다가 작가가 되기로 결심하고 러시아어, 영어, 불어 공부에 몰두하게 됩니다. 그런데 1930년대 러시아혁명 정부가 안정을 찾으면서 혁명정부에 대하여 적대적이었던 그는 귀국에 걸었던 기대를 완전히 접어야 했습니다. 게다가 더 이상 러시아어로 글을 쓸 수 없을 거라는 생각이 들자 그는 미국으로 이주하여 영어로 작품을 쓰기 시작합니다.

그의 대표작 『롤리타』에는 나보코프가 유년시절에 겪었던 상실감이 짙게 드리워져 있습니다. 그에게 첫사랑이었던 한 소녀의 이른 죽음은 소년 나보코프에게서 치유될 수 없는 상처를 안겨 주었고 이것이 주인공 험버트가 어린 소녀에게 집착하는 모습으로 형상화된 겁니다. 롤리타 콤플렉스라고 일컬어지는 이러한 행동 양태는 외설적인 것이 아니라 과거를 되찾으려는 한 남자의 비극인 셈이지요. 소설 『롤리타』의 줄거리는 이렇습니다.

37살의 남자 주인공 험버트는 파리 출생으로 사춘기 직전의 소녀들만이 갖고 있는 미성숙한 아름다움에 도착적인 동경을 품고 있다. 그는 미국에서 여름휴가를 보내기 위한 집을 찾다가 12살 난 집주인의 딸 롤리타를 보고 첫눈에 반해서 롤리타와 가까워지기 위해 집주인인 그녀의 어머니와 결혼까지 한다. 그러나 얼마 되지 않아 부인이 교통사고로 죽자 험버트는 롤리타를 차에 태우고 방해받지 않는 두 사람만의 장소를 찾아 미국 곳곳을 돌아다닌다. 험버트는 롤리타에게 끊임없는 선물 공세를 펼쳤지만 그녀의 마음을 얻지는 못한다. 더구나 순진해 보였던 롤리타에게는 사랑하는 남자가 따로 있었고 결국 그녀는 그 사람을 찾아 사라진다. 몇 년이 지나 실상을 알게 된 험버트는 그녀가 진정으로 사랑한 그 남자를 찾아내 사살한다. 그는 경찰에 체포되어 옥중에서 병으로 사망한다.

님펫 도착증, 롤리타 콤플렉스

이런 내용으로 구성된 소설『롤리타』의 여주인공 롤리타는 험버트에게 있어서 님펫이 분명합니다. 님펫은 야릇한 기품, 종잡을 수 없고 변화무쌍하며 영혼을 파괴할 만큼 사악한 매력을 지닌 9세에서 14세까지의 소녀를 가리킵니다. 그렇다고 반드시 뛰어난 외모를 갖추어야만 님펫이 되는 것은 아닙니다. 님펫은 누구나 인식하는 보편적인 것은 아니고 예술가인 동시에 광기가 있는 사람만이 님펫을 알아볼 수 있다고 했습니다. 님펫에게 빠져드는 남자는 자신이 소녀보다 적어도 10년에서 90년까지의 나이차가 있어야 합니다. 그래야 오감이 열리고 도착증에서 비롯되는 쾌락을 느낄 수 있기 때문입니다. 25년이 어린 롤리타는 험버트에게 있어서 님펫으로 다가왔습니다. 그것을 확인시켜 주려는 듯 소설은 다음과 같은 문장으로 시작됩니다.

> 롤리타, 내 삶의 빛, 내 몸의 불이여. 나의 죄, 나의 영혼이여. 롤-
> 리-타. 혀끝이 입천장을 따라 세 걸음 걷다가 세 걸음째에 앞니를
> 가볍게 건드린다. 롤. 리. 타.

이 첫 문장은 37살의 주인공 험버트의 오관과 오감이 12살 소녀 롤리
타에게 향하고 있음을, 그래서 결국은 파멸하게 될 비극을 암시합니다.
소설 속에서 말한 것처럼 험버트가 미친 듯이 소유하게 된 것은 그녀 자
체가 아니라 그가 스스로 만들어 낸 창조물, 즉 상상력으로 만들어 낸 환
상적인 롤리타인 것입니다. 이것은 그 자신이 어느 해 여름 빠져 겪었던
이루지 못한 첫사랑의 환생인 셈이지요. 첫사랑의 그녀가 병으로 죽자 그
의 사랑은 미완성 상태로 남아서 보통의 다른 사랑을 방해하게 됩니다.
이 때문에 험버트는 사춘기 소녀 가운데 선택된 님펫에게만 집착하는 성
도착증 환자가 됩니다. 롤리타만을 쫓아가며 집착하던 험버트의 애정 행
각은 결국 이렇게 끝을 맺습니다.

> 지금 나는 들소와 천사를, 오래도록 변하지 않는 물감의 비밀을,
> 예언적인 소네트를, 그리고 예술이라는 피난처를 떠올린다. 너와
> 내가 함께 불멸을 누리는 길은 이것뿐이구나, 나의 롤리타.

마지막 이 문장은 롤리타를 향한 사랑이 장구한 세월을 견디어 낸 동굴
벽화와 같기를 염원하는 것입니다. 나이도 어린, 게다가 의붓딸이기도 한
여자 아이를 사랑한 것, 다시 말하면 금기를 깬 사랑이 영원불멸의 사랑
일 것이라고 믿고 있는 것입니다. 세상에 엄연히 존재하는 규범을 어기고
거부하는 일이 영적인 것이었다고 굳게 믿는 것이지요. 주인공의 이러한

착각을 풀어 낸 이 소설은 어쩌면 작가가 평생 간직해 오며 또한 아름답게 이루어지기를 소망했던 것인지도 모릅니다.

『롤리타』의 주인공 험버트의 경우가 그러하듯이 모든 비극은 무엇을 가지려는 지나친 애착, 탐닉, 집착 같은 과도한 욕망으로부터 빚어집니다. 하지만 사람이기에 그 욕심을 자제하기가 쉽지는 않습니다. 어려운 일이지요. 그것에 대하여 법정 스님은 『무소유』에서 이렇게 말합니다.

> 이 세상에 처음 태어날 때 나는 아무것도 갖고 오지 않았었다. 살 만큼 살다가 이 지상의 적(籍, 기록)에서 사라져 갈 때에도 빈손으로 갈 것이다. …… 우리들은 필요에 의해서 물건을 갖게 되지만, 때로는 그 물건 때문에 적잖이 마음이 쓰이게 된다. 그러니까 무엇인가를 갖는다는 것은 다른 한편 무엇인가에 얽매인다는 것이다. …… 그러므로 많이 갖고 있다는 것은 흔히 자랑거리로 되어 있지만, 그만큼 많이 얽혀 있다는 측면도 동시에 지니고 있다.

무엇인가를 갖는다는 것은 그것에 얽매인다는 것. 얻는 것이 있으면 잃는 것이 있다는 그래서 총량은 늘 같다는 평범한 진리입니다. 롤리타를 보는 순간부터 그녀에게 매몰된 험버트. 매몰된 만큼 그래서 얻어 낸 쾌락만큼 롤리타에게 얽매여 결국은 많은 것을 잃게 된 험버트…… 그도 결국 가질 수 없는 너를 확인한 채 빈손으로 떠났습니다.

mit, mis(=to send, 보내다; to let go, 가게 하다)

commit[kəmít] <com(=together)+mit> 맡기다, (죄를) 범하다
demise[dimáiz] <de(=down)+mis> 소멸, 사망, 양도, 양도하다, 계승하다
dismiss[dismís] <dis(=away)+miss> 해고하다, 면직하다
permission[pəːrmíʃən] < p e r (= t h r o u g h) + m i s s + i o n (= c o n d i t i o n) >
　　　　　　　　허가, 허락, 인가
remit[rimít] <re(=back)+mit> 용서하다, 감면하다, (돈, 물건 따위를) 보내다

▶같은 듯 같지 않은 단어들

• law[lɔː] (국가 통치 차원에서 성문화되어 국민에게 적용되는) 법률

If you enter the building, you would be breaking the law.
만일 네가 그 건물에 들어가면 법을 위반하게 된다.

• regulation[règjəléiʃən] (정부나 공공기관 등에서 성문화한) 규정

Under the new regulation spending office equipment will be strictly controlled.
새 규정에 따라 사무실 시설의 사용은 엄격히 규제될 것이다.

• rule[ruːl] regulation에 비해 공적인 성격이 덜한 규정

We need to change the club rules before we start looking for new members.
신입회원을 찾기 전에 클럽 회칙을 바꾸어야 한다.

He got what he bargained for.
자업자득.

08 Deadline

살고 싶음에 대한 겁박

[
deadline [dedlain]
① (포로수용소의) 경계선
② 마감시한, 최종시한
]

죽음에 관한 통찰, 사후세계

과거에 대한 기억을 더듬어 보는 것과 함께 미래에 펼쳐질 일들에 대한 인식이 점점 더 확대되면서 사람들은 죽음에 관한 심오한 통찰을 하게 되었습니다. 죽어간 사람들에 대한 회상을 통하여 산다는 것을 생각하면서 자신도 제한된 시간을 살 수밖에 없다는 사실을 알게 되었습니다. 즉, 어느 날이 될지는 모르지만 우리 모두 필연적으로 각자의 죽음을 경험하게 될 것이고 그것은 결코 타협의 대상이 될 수 없으며 또 그 어떤 거짓말과 속임수도 통하지 않는 최종 선고가 자신에게 주어진다는 사실을 받아들이게 되었지요. 이런 음울한 생각에 빠져들면서 사람들은 급박한 위험에 처했을 때 느끼는 갑작스런 공포와는 또 다른 불안감에 사로잡혀 고뇌하기 시작했습니다.

그 결과 사람들은 결코 피할 수 없는 죽음이 몰고 오는 공포, 즉 모든 것의 끝이라는 충격을 줄이기 위해 사후의 삶을 생각해냈습니다. 죽은 사람들의 부패한 육신을 보면서 눈앞에 보이는 이 세상을 떠난다 하더라도 사람들의 자아는 계속해서 살아가는 영혼의 존재를 상상했습니다. 뿐만 아니라 영혼이 사후세계로 옮아가는 것을 도와주기 위하여 장례의식도 만들어 내게 되었지요. 그것을 반영하듯 장례의식은 세계 모든 문화권에서 발견되는 보편적 특성을 지니고 있습니다.

모든 문화권에서 공통된 현상이긴 하지만 사후세계라는 말을 들으면 무엇보다 이집트의 전유물로 되어 버린 미라를 떠올리게 됩니다. 미라mirra란 말은 포르투갈어인데 영어로는 mummy입니다. 원래 아랍어에서 밀랍, 역청wax을 가리키는 mum의 파생어로서 방부 처리한 시체를 의미하는 mūmiyá로부터 유래된 말입니다. 이것이 중세 라틴어에서 mumia로 되었다가 다시 고대 불어 mumie가 되었고 이것이 14세기 말엽 영어로 전해져 mummie가 되었습니다. 처음에는 고대시대 미라를 만들 때 미라에 바르는 약을 가리키는 어휘였는데 17세기 초에 들어서서 비로소 미라를 가리키게 되었지요.

미라를 만드는 시신 방부 처리 방법이 이집트에서 가장 먼저 발달한 것은 지리적 위치에 기인합니다. 이집트의 건조한 기후와 토양은 미라를 만들기에 최적 조건을 갖추고 있었습니다. 대부분의 위대한 발견이 그렇듯이 미라의 시작도 우연이었을 겁니다. 아마도 사후세계를 확실히 믿고 있었던 이집트인들. 그들에 의해 천에 싸여져 모래 속에 매장된 시신이 훼손되지 않고 발견되었을 때 이집트인들은 사후세계에서의 부활을 더욱 확신하게 되었을 겁니다.

사후세계로 가는 준비, 미라 만들기

이러한 확신에 바탕을 둔 미라 제작기술이 발전에 발전을 거듭한 것은 두말할 나위도 없습니다. 처음에는 천이나 동물의 가죽으로 시신을 싸서 모래 속에 매장했는데 시신을 양쪽 무릎이 이빨에 닿게 굽힌 후 왼쪽으로 눕혀서 묻었습니다. 신왕국 시대BC 1570-BC 1070에 들어 미라 만드는 방법은 한층 더 발전했습니다. 시신의 내장을 빼내고 송진을 바른 후 마포로 싸서 매장하는 수준까지 이르게 됩니다. 왕이나 지체 높은 귀족들의 미라는 좀 더 손이 많이 가는데 어느 정도인가 하면 1922년 밤엄가늘에 의해 발견된 투탕카멘 왕 미라가 그것을 잘 보여 줍니다.

투탕카멘 왕은 기원전 1342년 이집트 시르카에서 태어나 9살에 왕이 됩니다. 그리고는 배다른 동생 아크세나문과 10살 때 결혼합니다. 이집트의 왕의 신분이었지만 그는 아이답게 뛰놀며 지내다가 어느 날 급사했습니다. 투탕카멘 왕이 죽자 내세를 믿었던 이집트 사람들은 그의 두 번째 삶을 준비했습니다. 그가 내세로 가는 동안 시신이 부패되지 않도록 방부처리를 하기 시작했습니다.

먼저, 머리에서 발끝까지 몸 안에 있는 모든 것을 끄집어냈습니다. 우선 청동 쇠갈고리를 코로 집어넣어 뇌를 끄집어냈습니다. 이집트 사람들은 뇌의 기능은 단지 귀를 양쪽으로 분리시키는 것에 불과하다고 생각한 나머지 버렸던 겁니다. 사고 기능은 심장이 담당한다고 믿었던 것이지요. 그래서 심장은 몸 안에 그대로 두었습니다. 또 치아와 손톱, 발톱, 안구는 뽑지 않았습니다. 생식기는 내버려 두었는데 그것은 사람들이 그를 여왕으로 착각하지 않도록 하기 위함이었습니다. 그렇게 하고 나서는 약물을 주입해 시신을 깨끗이 세척했습니다.

다음으로 옆구리를 절개해 간과 위, 폐와 내장을 꺼냈습니다. 이것들을 모두 세척하고 건조하여 네 개의 단지에 담아 투탕카멘의 시신의 옆에 두었습니다. 그리고 난 후, 왕의 시신을 소금 같은 물질인 나트론으로 덮어 경사진 판에 올려놓았습니다. 그 판에는 홈들이 파여 있었고 그 홈을 따라 몸에서 빠져나오는 체액이 판 끝에 있는 통으로 흘러내렸습니다. 시신에서 물기가 빠져 나오면서 그의 몸은 완전히 건조되었습니다. 그래도 남아 있는 체액을 빨아들이기 위해 그의 가슴 속에는 옷 조각들로 채워졌지요. 투탕카멘의 해진 옷, 유물 그리고 피 한 방울까지도 내세로 가는 여행에 함께할 수 있도록 큰 항아리에 모두 넣어 보관했습니다.

다음 단계로 가슴 속에 넣은 옷 조각을 다시 꺼내고 야자유와 향료로 세척한 후, 몰약과 유향 등 향료를 채운 후 봉합했습니다. 봉합한 시신은 두 달 정도 질산칼륨에 넣어 두었다가 씻은 후에 시신을 아마포로 감고 그것 위에 식물성 고무수지를 바른 후 나무 상자에 넣고 밀봉했습니다. 사람 모양으로 만든 이 상자는 무덤 속의 벽에 똑바로 세워 놓았습니다. 마치 살아 있을 때 서 있듯이 말입니다.

무덤에는 왕관 2개, 새총 2개, 꿀 항아리 2개, 마차 6대, 30개의 금 동상, 35개의 모형 보트, 130개의 지팡이, 427개의 화살, 그리고 많은 신발 등 그가 왕이었을 당시 쓰던 물건들이 있었습니다. 그가 혈액의 공급이 차단되는 콜러병을 앓고 있어서 왼쪽 발이 마비되어 쓰지 못했기 때문에 내세에서 사용할 지팡이가 부장품으로 매장되었습니다.

그 당시 이미 도굴꾼들이 피라미드에 있던 미라와 부장품을 훔쳐 가는 경우가 허다했기 때문에 투탕카멘이 죽기 200년 전부터는 피라미드를 짓지 않았습니다. 그래서 투탕카멘은 왕의 계곡으로 알려진 모래 언덕 아래 감춰진 비밀무덤 속에 매장되었던 것이지요. 그의 시신은 3천 년 동안을 무덤 속에 있다가 20년 동안 왕의 계곡을 누비던 영국인 하워드 카터Howard Carter, 1874-1939에 의해 1922년 발견되었습니다.

이에 비해 돈이 없는 평민들의 시신은 돈이 덜 드는 방법으로 처리했는데 일단 시신의 항문을 통해 삼나무 기름을 몸 안으로 주입합니다. 삼나무는 현재 레바논 국기에도 그려져 있는 나무로서 고대 시대 지중해 주변 국가의 왕들은 레바논 지역의 삼나무를 탐냈습니다. 삼나무는 벌레가 먹지 않고 단단하여 신전이나 왕궁을 짓는 건축 자재로써 또 미라를 넣는 관의 재료로서 애용되었습니다. 그런데 삼나무에 눈독을 들인 이유는 또 있었지요. 바로 삼나무 기름이 미라에 바르는 방부제로 이용되었기 때문입니다. 하여튼 이 삼나무 기름을 시신에 넣은 다음 항문을 막고 시신을 두 달 정도 질산칼륨에 넣어 둡니다. 이 과정을 거쳐 시신의 살을 제거하고 가죽과 뼈만 남아 있는 미라를 유족에게 넘겨주었습니다.

죽음, 그 종식성의 두려움

미라를 만드는 이집트인의 경우에서 보듯 죽음에 대한 불안감, 엄습하는 공포 같은 것으로부터 벗어나기 위하여 사람들은 또 다른 방법을 생각해 내었습니다. 종교를 그것의 한 예로 볼 수 있는데 그래서 프로이드 Sigmund Freud, 1856-1939는 종교라는 것이 불안감을 갖는 사람들이 그것을 해소하기 위하여 치르는 의식인데 일종의 강박장애라고까지 말했습니다. 그러나 이와 같은 모든 노력에도 불구하고 우리 모두는 결코 죽음의 공포로부터 자유로울 수는 없습니다.

죽음의 특성인 확실한 종식성, 즉 모든 것이 끝나며 마지막이라는 것은 공포심을 주기에 충분한 것이기 때문이지요. 오죽하면 갈릴레오Galileo Galilei, 1564-1642도 평생을 연구하여 얻어 낸 지동설의 내용을 죽음 앞에서는 철회했겠습니까.

갈릴레오는 이탈리아 피렌체에서 태어나 20년간 대학에서 수학을 가르친 거물급 학자였습니다. 그는 교회가 고집하고 있는 천동설, 즉 지구가 우주의 중심이라는 주장에 반대하면서 지구가 태양 주위를 돌고 있다는 생각을 하게 되었습니다. 하지만 당시 그런 생각을 말한다는 것은 목숨을 걸어야 하는 일이었지요.

갈릴레오가 45살이 되던 해, 그는 망원경을 개조하여 천체를 관찰하면서 지구가 태양 주위를 돌고 있다는 것을 확신하였습니다. 그 확신을 『두 개의 주요 세계 체계에 대한 대화』라는 저서에 담아 발표합니다. 종교재판소는 그 즉시 갈릴레오를 재판에 회부하였습니다. 교회 세력을 대변하는 종교재판소의 수장들은 교회의 권위를 추락시키는 그의 주장을 차단하고자 그에게 사형을 선고합니다. 그러자 죽음 앞에서는 어쩔 수 없었던지 갈릴레오는 자신의 생각을 철회하겠다고 말했습니다. 하지만 못내 억울했던 그는 재판정을 나서면서 "그래도 지구는 돈다"는 말을 중얼거렸다고 합니다.

죽음의 문턱을 넘나든다는 말을 할 때 그 경계, 즉 사선이 영어로는 deadline입니다. 그런데 그 유래 또한 흥미롭습니다. 미국 독립 후 90여년이 지난 1861년부터 5년간, 미국은 노예 해방 등 몇몇 정치사회적인 문제로 대립되어 북부와 남부가 둘로 나뉘어져 전쟁을 치릅니다. 이것이 남북전쟁인데 그 와중에 남부군이 관할하던 조지아 주 앤더슨빌의 포로수용소에는 포로들이 도주하는 것을 막기 위해 포로 막사 주위로 경계선을 쳐 놓았습니다. 이 선을 넘으면 무조건 사살하였기에 그 선을 이른바 deadline이라고 하였습니다.

그런데 이것이 은유적으로 확장되어 원고마감 시간이라는 뜻이 첨가되었습니다. 죽음이라는 dead가 들어간 낱말답게 절박함이 배어 있습니다. 편집자들이 작가에게 원고를 제시간에 넘기지 않으면 죽이겠다는 그 선, 시한, 그것이 바로 데드라인입니다. 죽음이 몰고 오는 공포. 그것을 이겨내고 진짜 죽음을 불사할 만한 사람이 얼마나 있을까요. 그러니 상대가 말 안 들을 때 습관처럼 하는 말이 '너 죽을래?' 아니겠습니까.

TIP!

mort(=death, 죽음; to die, 죽다)

immortal[imɔ́ːrtl] <im(=not)+mort+al(=relating to~)> 죽지 않는, 불멸의,
불사신

mortal[mɔ́ːrtl] <mort+al(=relating to~)> 죽음의, 죽을 운명의, 치명적인,
인간의

mortgage[mɔ́ːrgidʒ] <mort+gage(=security)> 저당, 담보, 융자금, 저당 잡히다

mortify[mɔ́ːrtəfài] <morti+fy(=v. suffix)> 굴욕감을 주다, 고행하다

mortuary[mɔ́ːrtʃuèri] <mort+ary(=a place where~)> 영안실, 시체보관소, 죽음의

▶같은 듯 같지 않은 단어들

- **border**[bɔ́ːrdər] (국가, 주, 지역 등을 나누는 공식적인) 경계선, 접경 지역

  The river lies on the border between the US and Mexico.
  그 강은 미국과 멕시코 사이의 국경 지역에 있다.

- **boundary**[báundəri] (지정학적인 측면의) 경계선

  National boundaries are becoming increasingly meaningless in the global economy.
  세계 경제 속에서 국경선은 점점 의미 없는 것이 되어가고 있다.

- **frontier**[frʌntíər] (정치, 군사 면에서) 국경 지역

  Troops established a road block on the frontier.
  군대는 국경 지역에 도로 방어벽을 세웠다.

영단어, 욕망을 삼키다
072

Naked came we into the world and naked shall we depart from it.
빈손으로 왔다가 빈손으로 간다. 공수래공수거.

09 Awe

공포의 소산, 불안감의 발로

> awe[ɔː]
> ① 경외감, 두려움
> ② 두려운 마음이 일게 하다
> ③ 위압하여 시키다

경외감, 신실한 마음에서 오는 두려움

경외감이란 공경하면서도 두려워하는 마음입니다. 이런 의미를 갖는 영어 어휘 가운데 awe가 있는데 성경에서 사용됨으로써 이 어휘는 공경과 두려움의 정도가 더 깊어졌습니다. 성경 시편(119)에 이런 구절이 있습니다. "Princes have persecuted me without a cause; but my heart standeth in awe of thy word." 아무런 까닭 없이 박해를 받는 경우에도 신실한 마음과 두려움을 갖게 되는 성경 말씀에 의지하고 있다는 것인데 이렇기 때문에 awe는 중의적인 의미를 담을 수 있었습니다.

원래 고대 영어 시대에는 awe가 아닌 ege가 쓰였습니다. awe는 북유럽 지역 언어였던 스칸디나비아어에서 유입되어 그것이 중세시대에 ege와 비슷한 agi로 사용되었습니다. 그것은 그리스어에서 고통을 의미하는 ákhos와 관련지어 생각할 수 있습니다. 그러다가 g 소리가 발음 편의상 w 소리로 바뀌어 오늘날 awe에 이르게 된 것입니다.

그런데 awe경외감에서 파생된 awesome과 awful은 전혀 다른 의미를 갖고 있습니다. awesome은 경탄할 만한 또는 굉장한 것을 나타내는 의미이지만 awful은 끔찍하다는 뜻을 갖게 되었습니다. 한때 이 두 어휘가 동일한 의미를 갖는 동의어로 사용된 적은 있었습니다. 하지만 16세기경 awesome은 일상적인 의미로서 대체로 좋고 긍정적인 의미로 사용되었지만 정신적인 면을 함축하는 의미는 없어지게 되었습니다.

반면에 awful은 awesome과 다른 방향으로 의미 변화가 일어났습니다. 예를 들어 "God made Himself an awful rose dawn"와 같은 구절, 즉 19세기 중엽에 쓴 테니슨Alfred Tennyson, 1809-1892의 시를 보면 awful이 경탄할 정도로 찬란하다는 의미로 쓰였습니다. 그러니까 그때까지도 긍정적인 의미로 사용된 것을 알 수 있지요.

하지만 20세기 초에 들면서 awful은 부정적인 의미로 사용되게 됩니다. 그것은 영국의 왕이었던 George V세재위기간, 1910-1936의 다음과 같은 말에서도 확인할 수 있습니다. "Is it possible that my people live in such awful conditions? ……"(나의 백성이 그와 같이 끔찍한 여건 속에서 어찌 살 수 있단 말인가?) 이 두 가지 의미, 즉 엄청나서 놀라고 그러면서 두려워하는, 예를 들어 현대 문명의 산물인 원자폭탄이 터질 때 어!awe 하고 바라보는 그런 마음 아닐까요.

홀로서기의 불안과 공포, 그 구원의 노래, 황무지

돌이켜보면, 중세 말까지 신의 품에서 안주하던 인간들은 르네상스를 계기로 신의 울타리를 벗어나 일약 세상의 주인으로 등장하게 됩니다. 게다가 산업혁명을 거치며 더욱 가속화된 기계 문명과 과학 기술의 발달은 인간에게 자연 정복과 부를 제공함으로써 인간은 윤택한 미래를 보장받고 나아가 무한한 진보에 대한 확신을 갖게 되었습니다.

그러나 두 차례 세계대전을 거치면서 인류는 그 끔찍한 전쟁의 참상에 불안과 공포를 느끼게 되었고 이것으로 인하여 자신들이 갖고 있던 장밋빛 미래에 대하여 의구심을 갖게 되었던 것이지요. 이미 신의 품을 벗어난 인간들은 가치관의 혼란을 빚으며 정신적인 방황을 겪게 되었습니다. 기존의 도덕과 질서에 회의를 느끼며 문명의 이기에 대하여 지금까지 쌓아 온 믿음을 상실하게 됩니다.

이러한 상황 속에서 겪게 된 회의와 고뇌, 소외와 우울. 그러나 그 속에서 인간의 실존 문제를 자각하고 구원의 실마리를 찾으려고 했던 사람들이 있습니다. 그중 한 사람이 T.S. 엘리엇Thomas Stearns Eliot, 1888-1965인데 그의 대표작인 <황무지The Waste Land>를 보면 병들어 가는 현대 사회에 대한 깊은 고뇌와 해결의 몸부림이 느껴집니다.

엘리엇은 할아버지가 목사였던 사실로도 알 수 있듯이 독실한 기독교 가풍의 가정에서 태어나고 성장했습니다. 그는 하버드 대학에 진학하여 철학과 문학을 공부하면서 틈틈이 시를 씁니다. 시인으로서 피폐된 현대 사회의 모습과 인간성 말살 등 인간의 실존 문제를 고민하던 그는 보다 더 보수적인 가치를 잘 보존하고 있는 영국으로 귀화하게 됩니다. 런던에 거주하면서 그는 당시 만연되고 있었던 이미지즘 운동을 접하게 되는데, 이로 인하여 사회 제도와 교회의 역할 등과 같은 이미지즘의 주장은 그의 시 창작에 지대한 영향을 주었습니다.

엘리엇의 대표작으로 꼽히는 <황무지>는 433행으로 되어 있는 긴 시입니다. 하지만 처음 이 시를 완성하였을 때는 이것보다 훨씬 더 긴 1,000여 행이나 되었습니다. 엘리엇은 발표에 앞서 이 시를 당시 이미지즘과 신문학 운동의 기수였던 시인 에즈라 파운드Ezra Loomis Pound, 1885-1972에게 보여 주었습니다. 그러자 그는 시가 너무 긴 것을 지적하였고 엘리엇은 시를 수정하여 발표하였지요. 엘리엇은 이 시에서 믿음에 대한 가치가 파괴

되고 깊은 수렁 속으로 빠져드는 현대 사회와 병들어 가는 현대인의 피폐한 모습을 적나라하게 파헤치고 있습니다. 그러면서도 엘리엇은 자포자기 대신 고립된 자아에 대한 정신적 탐구와 치유, 또 그것을 통하여 인류를 구원할 수 있는 방도를 찾고자 노력합니다.

사월은 가장 잔인한 달,
죽은 땅에서 라일락을 키워 내고,
기억과 욕망을 뒤섞으며,
봄비로 잠든 뿌리를 일깨운다.

원래 <황무지>는 단편적인 에피소드를 연결하면서 5부로 구성되어 있는데, 그 속에는 동서양의 고전에서 인용된 과거와 현재, 구체적인 것과 상징적인 소재들이 혼재되어 있습니다. 우선, 인용된 시작 부분의 첫 구절은 중세시대에 초서Geoffrey Chaucer, 1343-1400가 쓴 <캔터베리 이야기Canterbury Tales> 중 서시prologue를 각색한 것입니다. 황무지 속에 살아가는 현대인들은 팍팍해진 삶 속에서 죽음과 살아 있음에 대한 각성이 어렵다는 것을 말하고 있습니다. 다시 말하면 무감각해져서 거의 죽은 상태로 살아가는 현대의 황무지 주민들. 그들에게 사월은 생명을 일깨워 주며 실상을 적나라하게 보여 주기에 잔인한 달이 되는 겁니다.

또한 엘리엇은 감각과 식별력을 상실함으로써 무감각해진 현대인을 죽은 것으로 단정하였고 그런 현대인들이 살아가는 도시를 다음과 같이 묘사합니다.

비실재의 도시,
겨울날 새벽 갈색 안개 속으로,

군중이 런던 다리 위로 흘러간다, 나는 저렇게 많은,
저렇게 많은 사람들을 죽음이 멸망시켰다고는 생각지 못했다.

이 부분은 보들레르Charles-Pierre Baudelaire, 1821-1867의 <악의 꽃>과 단테Alighieri
Dante, 1265-1321의 『신곡』에서 인용한 것인데 물질 만능주의와 개인주의가 팽
배한 현대 사회 속에서 도시의 군상을 이루는 현대인들이 지옥 상태에 놓
여 있음을 말하고 있습니다. 삶의 진정한 의미를 잃어버린 채 그저 무감
각하게 살아가고 있다는 것이지요.

이와 같이 엘리엇은 경탄의 단계를 넘어서 끔찍할 정도로 황폐해진 현
대 문명, 그리고 소외와 환멸에 빠진 현대인의 정신적 공허감을 <황무지>
를 통하여 그려 냈습니다. 거기에 그치지 않고 그는 현대인들의 실존 문
제를 다루며 그것으로부터 탈출구를 찾아내 인류의 영혼을 구원해 보
려고 하였습니다. 이것은 근대 초기 사회적 혼란의 시기에 토머스 모어
Thomas More, 1478-1535가 『유토피아Utopia』라는 책을 내놓은 것과 맥을 같이합니다.

인류의 희망, 유토피아

신대륙이 발견되고 아메리카라는 이름이 붙여진 지 9년 후, 영국의 대
학자이자 정치가인 토머스 모어는 상상의 섬에서 이루어지는 가상의 생
활을 서술한 책, 『유토피아』를 내놓습니다. 라틴어로 쓰였지만 제목은 그
리스어인 utopia입니다. 즉, u-는 not의 의미이고 topos는 장소라는 뜻이
니 의미만으로 보면 세상 어디에도 없는 곳이 유토피아인 것입니다.

모어는 이 책에서 자신이 생각하는 완벽한 사회를 그려 놓았습니다. 돈
과 사유 재산을 갖고 있는 사람이 없으며 금은 쓸모없는 것이어서 요강을

만드는 데 사용됩니다. 또 다이아몬드와 진주는 아이들이 갖고 노는 장난 감으로 사용됩니다. 섬 곳곳에 54개의 도시가 산재해 있는데 적어도 24 마일의 숲과 들판을 경계로 떨어져 있습니다. 사람들은 신에 대한 보편적인 믿음을 갖고 있으며 개개인의 신앙은 존중되는 사회, 그런 곳이 유토피아였습니다.

하지만 이와 같은 이상적인 사회가 있을 수 있을까요. 이것은 당시 현실 세계가 갖고 있던 열악한 여건에 대한 정반대의 염원을 나타낸 것으로 볼 수 있습니다. 당시 유럽은 격변의 시기를 맞고 있었습니다. 초기 자본주의 발달로 도시에는 공장이 늘어나면서 양모의 수요가 늘어나자 농촌의 지주들은 농사를 짓던 소작농을 내몰고 그 농지에 양을 키웠습니다. 이른바 인클로저enclosure로 인하여 소작농들은 농촌에서 내쫓겨 졸지에 도시 빈민 노동자가 되거나 유랑자 신세가 되었지요. 유토피아에서 "그 온순하던 양들이 사람들을 잡아먹게 되었다"라는 것은 이러한 상황을 서술한 것입니다. 유토피아는 없습니다. 저자인 모어 자신도 유토피아에 대하여 의문을 제시하며 책 말미에 이렇게 적어 놓았습니다.

> 라파엘 씨가 이야기를 마쳤을 때 그가 말한 유토피아의 관습과 법 가운데 몇 가지는 부조리한 것으로 생각되었다. …… 하지만 솔직히 말해 실제 가능성은 없지만 유토피아 공화국이 갖고 있는 것 가운데 우리에게도 도입되었으면 하는 것들은 많다고 본다.

결국은 희망으로 귀착되는 문제입니다. 물론 터무니없는 희망이나 망상은 우리를 속이는 것이며 기대감만 부풀릴 뿐입니다. 정작 바라는 결과를 가져다주지는 못하지요. 니체Friedrich Wilhelm Nietzsche, 1844-1900는 "사실상 희망은 모든 악 중에 가장 큰 악이다. 왜냐하면 인간의 고통이 더 길어지게 만들기 때문이다"라고까지 말했습니다. 다시 말하면, 그는 근거 없는 희망을 경계하였습니다. 그렇다면 희망을 무조건 버려야 할까요. 그건 아닌 것 같습니다. 희망의 중요성은 현실적이냐 비현실적이냐를 떠나서 동기와 확신에 영향을 준다는 데 있습니다. 뭔가 더 나은 미래가 올 것이라는 동기를 부여하고 그래서 뭔가 다른 일을 해야 할 의욕을 고취시켜 주는 것이 희망이라면…… 미래의 가능성을 잠깐 접어두고 희망을 쫓아가야 하지 않을끼요.

clud, clus, close(=to close, 닫다, 가두다)

conclusion[kənklúːʒən] <con(=together)+clus+ion(=condition)> 결론, 결말
disclosure[disklóuʒər] <dis(=away)+clos+ure(=condition)> 드러남, 폭로
enclosure[enklóuʒər] <en(=in)+clos+ure(=condition)> 울타리 침, 동봉, 포위
exclusion[iksklúːʒən] <ex(=out)+clus+ion(=condition)> 제외, 배제, 추방
inclusion[inklúːʒən] <in(=in)+clus+ion(=condition)> 포함, 함유물

▶같은 듯 같지 않은 단어들

- eventually[ivéntʃuəl] (언젠가 일어날 것으로 예상한 것이) 드디어, 결국은

  Although she had been ill for a long time, it still came as a shock when she eventually died.
  비록 그녀가 오랜 기간 병을 앓았지만 그녀가 결국 죽었을 때 충격이었다.

- finally[fáinəli] (긴 시간이 지난 후) 최후에, 마지막에, 마침내

  After months of looking he finally found a job.
  몇 달을 찾은 후에 그는 마침내 직업을 구했다.

- possibly[pásəbəli] (추측이 맞을 가능성이 반밖에 안 되어 자신이 없어) 어쩌면, 아마도

  This last task is possibly the most difficult.
  이 마지막 과제가 어쩌면 가장 어려울 것이다.

10 Honor

이름에 거는 당당함

honor[ánər/ɔ́n-]
① 명예, 명성, 자존심, 절개
② 명예로운 것, 훈장, 우등
③ 경의, 존경
④ 고위, 고관, 각하

변함없는 의리, 세한도

눈이 내려 온통 하얀 은세계가 되어 버린 산야에 소나무만이 홀로 푸른 빛을 발합니다. 예로부터 올곧은 지조와 절개의 상징이었던 소나무. 추운 겨울에도 푸르름을 잃지 않는 모습 때문에 시련과 역경 속에서도 굴하지 않는 기개의 상징이었습니다. 조선 후기 추사 김정희[1786-1856]가 그린 <세한도>는 그것을 잘 나타내 줍니다.

<세한도>는 김정희가 1844년에 제주도 유배지에서 그린 것입니다. <세한도>를 그리게 된 동기는 유배된 이후에도 이전과 변함없이 자신을 대하는 제자 이상적을 보면서 『논어』 자한편에 나오는 구절을 생각한 겁니다. 그 구절인즉슨, "추운 계절이 된 뒤에야 소나무와 잣나무가 푸르게 남아 있음을 안다歲寒然後 知松柏之後凋"라는 구절을 떠올리며 한겨울의 추위 속에 소나무와 잣나무의 청청한 모습을 화폭에 담아 낸 것입니다.

황량한 들판을 휘감는 추위 속에 네 그루의 소나무와 잣나무가 고고한

자태로 서 있고, 그 사이에 초가집 한 채가 있습니다. 텅 빈 공간은 쓸쓸함을 더해 줍니다. 김정희는 그림을 통해 유배당한 자신의 처지, 자신에게 관심조차 두지 않는 세간의 사람들, 그러나 그와는 달리 자신에게 변함없는 의리를 지키는 이상적에게 고마움을 표현한 것이지요.

선인들은 소나무 외에 매화를 통해서도 꿋꿋한 기개를 표현하곤 했습니다. 자주 인용되는 한시 가운데 매화는 일생을 춥게 지내도 향기를 팔지 않는다는 작자 미상의 시가 있는데 전문은 이렇습니다.

桐千年老恒藏曲동천년로항장곡
梅一生寒不賣香매일생한불매향
月到千虧餘本質월도천휴여본질
柳經百別又新枝유경백별우신지

오동나무는 천년이 지나도 늘 가락이 나오고
매화는 일생 춥게 지내도 향기를 팔지 않는다.
달은 천 번을 이지러지나 원 모습은 그대로이고
버들가지는 백 번 꺾여도 새 가지가 나온다.

명예에 살고, 명예에 죽고

시인은 오동나무, 매화, 달, 버들가지의 변치 않는 속성을 통하여 고난과 역경에 처한 자신의 정체성 확인은 물론 자신의 명예를 지키겠다는 내적 고백을 하고 있습니다. 자본주의 발달을 등에 업고 개인주의와 물질만능주의로 치닫는 요즈음 세태에서는 별로 설득력이 없을 것 같은 낡은 덕목이지만 옛날 선인들의 세계에서 명예는 목숨과 맞바꾸는 소중한 것이 었습니다. 16세기 셰익스피어도 자신의 작품 『리처드 2세Richard II』에서 토머스 모브레이Thomas Mowbray의 대사를 통하여 명예에 대한 자신의 생각을 피력합니다.

> 저에게 명예는 곧 저의 목숨이니만큼 그 둘은 서로 떨어질 수 없나이다. 저에게서 명예를 앗아가려면 제 목숨도 앗아가야 할 것입니다. 그러니 폐하, 저의 명예가 저를 시험할 기회를 주소서. 명예 안에서 살듯이 이 명예를 위해 죽겠나이다.

목숨보다 명예가 더 소중하며 명예를 잃고 난 후의 삶은 의미가 없다는 것을 말하고 있습니다. 이렇게 옛사람들은 자신의 이름에 얽히는 영예로움, 명예를 무척 소중히 생각하였습니다. 소크라테스는 악법도 법이라는 말을 남기고 아테네 시민으로서 명예를 지키며 독배를 마시고 죽음을 택했습니다. 도를 설파한 고대 중국의 철학자 노자도 명예를 중요한 덕목으로 내세웠지요.

후대로 내려오면 명예를 더욱더 강화시켜 실천 덕목으로 삼고 살아가는 계급도 생깁니다. 중세 유럽의 기사와 일본의 사무라이가 바로 그들이지요. 아무래도 유럽의 기사보다는 일본의 사무라이가 훨씬 더 강력한 이미지로 각인되어 있는 것은 사실입니다. 사무라이侍는 한자로 선비 사士라고도 쓰듯이 칼을 허리에 차는 무인이기도 하지만 무사도와 함께 명예를 가슴에 품은 사람이라고 할 수 있습니다. 그들이 목숨처럼 받드는 무사도에는 충성, 신의, 희생, 예의 등과 같은 덕목이 포함되어 있었습니다. 무사도에 따라 기꺼이 목숨을 버리는 하가쿠레葉隱 정신은 사무라이의 요체라고 할 수 있겠지요.

역사를 돌이켜 살펴보면 명예에 살고 명예에 죽는 일이 꼭 영웅적인 기질을 갖고 있는 사람들의 전유물은 아닙니다. 이름 없고 힘없는 소시민들도 작지만 자신의 명예를 지킨 역사적 사건들이 많습니다. 예를 들면, 칼레의 시민이 바로 그런 경우이지요. 중세 말 역사적 사실을 기록하는 연대기 작가 장 프루아사르Jean Froissart, 1337-1400?가 쓴 백년전쟁에 관한 기록 중에 이런 이야기가 소개되고 있습니다.

명예를 지킨 소영웅, 칼레의 시민

백년전쟁1337-1453은 잉글랜드 왕과 귀족들이 프랑스 내에 있었던 자신들의 영지를 탈환하고자 프랑스와 벌인 전쟁입니다. 백년전쟁이라 해도 개전부터 종전까지 거의 100여 년을 끌었다는 것이지 쉬지 않고 100년을 싸운 것은 아닙니다. 중간에 휴전도 있었고 지지부진한 채로 양측이 대치했던 적도 많습니다. 시기도 14세기였으니 전투를 치르는 무기류, 전쟁을 수행하는 데 필요한 물자, 이동 수단, 그리고 당시 동원될 수 있는 병력 등을 고려해 보면 오늘날과 같은 대규모 총력전과는 거리가 있습니다.

아무튼 당시 장궁을 효과적으로 활용한 잉글랜드 에드워드 3세의 병력은 개전 초 크레시Crécy 전투에서 석궁을 사용한 프랑스 군에 대승을 거둡니다. 크레시는 현재 프랑스 북부, 솜 주 북서부 그러니까 항구 도시인 칼레의 남쪽에 위치한 작은 마을입니다. 승리를 거둔 잉글랜드 군은 북쪽으로 이동하여 1346년 9월 칼레 주민이 지키는 성을 포위합니다. 칼레 시민들은 농성 작전을 펴며 잉글랜드 군에 맞섰습니다. 칼레 시민들은 일치단결하여 1년 가까이 잘 버텼지만 성 안에 식량이 바닥나 결국 항복할 수밖에 없게 됩니다. 1347년 칼레 시장 비엔은 잉글랜드 측에 전령을 보내 항복의 뜻을 알렸습니다. 즉, 칼레 시민은 프랑스 왕의 명령에 따라 명예롭게 전투에 임한 것이니 칼레 시민들이 무사히 성을 떠나도록 해 달라는 것이었습니다.

그러나 1년 가까이 저항한 칼레 시민에 대하여 적의를 품었던 잉글랜드 왕은 쉽게 용서해 줄 마음이 없었습니다. 주위의 만류 때문에 대량 살육은 하지 않기로 했지만 대신에 가혹한 조건을 제시했지요. 조건인즉슨, 칼레의 시민을 대표하는 여섯 명이 삭발을 하고 목에 밧줄을 묶은 채 거리의 모든 열쇠를 갖고 맨발로 잉글랜드 왕 앞에 출두하라는 것이었습니다. 항복을 하게 된 칼레의 시민들은 어쩔 수 없이 그 조건을 받아들일 수밖에 없었습니다. 칼레 시민들이 당혹스러워할 때 칼레 시에서 가장 부유한 유스타슈 생 피에르가 제일 먼저 자원하고 나섰습니다. 그러자 모두들 그의 희생정신에 감동하였고 평소 존경받던 유지들이 줄지어 일곱 명이나 자원하였습니다.

한 명이 더 지원하자 피에르는 잉글랜드 측으로 출두하기로 되어 있는 날, 약속 장소에 가장 늦게 도착하는 사람이 남기로 정합니다. 약속한 바로 그날, 약속 장소에 여섯 명은 나왔으나 정작 피에르가 나타나지 않았습니다. 의아하게 여긴 사람들이 그의 집으로 가보니 이미 그는 목숨을 끊은 상태였습니다. 혹시 다른 여섯 명이 살기를 바라는 마음에서 결정을 번복할까 염려하여 아예 자신이 먼저 목숨을 끊음으로써 결연한 의지를 보여준 것이지요.

이윽고 시민 대표 여섯 명은 목에 밧줄을 매고 허리에 끈을 묶은 후 칼레 시의 모든 열쇠를 들고 잉글랜드 왕 에드워드 3세 앞에 나갑니다. 그들이 잉글랜드 왕 앞으로 출두할 때 모든 시민이 울며 뒤따랐습니다. 그들이 잉글랜드 군 진지에 가까이 다가오자 에드워드 3세와 신하들은 물론 임신 중인 왕비까지 그 광경을 지켜봤습니다. 곧 왕은 시민 대표 여섯을 교수형에 처하라는 명령을 내렸습니다. 그러자 신하들이 나서서 그들을 처형하면 왕의 명성에 누가 될 것이라고 하면서 그들에게 관용을 베풀 것을 청했습니다. 왕이 뜻을 굽히지 않자 왕비 필리파까지 나섰지요. 자신이 잉태한 아이를 위해서라도 자비를 베풀어 줄 것을 간청했습니다. 잠시 침묵을 지키던 왕은 무릎을 꿇고 눈물을 흘리는 왕비에게 그대의 뜻대로 하라고 말했습니다.

이렇게 하여 죽음을 각오하고 나선 시민 대표 여섯은 목숨도 건지고 이웃을 구하였으며 나아가 자신들의 명예도 드높이는 결과를 얻었습니다. 그런데 중세의 역사적인 한 사건에 불과한 이 이야기가 오늘날까지도 전해지며 유명해진 데 대해서는 조각가 로댕Auguste Rodin, 1840-1917이 한몫을 했습니다.

역사적 사건이 있은 후 500년이 지난 1884년, 칼레 시는 영웅적인 시민 대표를 기리는 조각상 건립을 추진합니다. 그러나 제작을 맡았던 조각가 다비드 당제David d'Angers의 죽음과 프로이센-프랑스전쟁1870-1871의 발발로 조각상 건립 계획은 실행되지 못했습니다. 이 계획의 실행이 계속 공전되다가 마침내 로댕에게 기회가 주어졌습니다.

하지만 로댕이 완성한 조각상은 애초에 사람들이 기대했던 것과는 완전히 다른 것이었습니다. 즉, 작품 속의 사람들은 칼레 시민들이 기대했던 당당한 영웅의 모습이 아니었지요. 시민들의 자세와 표정은 사회적 책임과 죽음의 공포 사이에서 번민하는 평범한 사람들의 것이었습니다.

또 공공의 성격을 띤 동상들이 높은 받침대 위에 설치되는 것과 달리 로댕은 <칼레의 시민> 상을 지면에서 최대한 낮게 위치하도록 하여 마치 살아 있는 보통 사람들이 고뇌하며 서 있는 것 같은 느낌을 주었습니다. 영웅이라기보다는 그저 평범한 소시민에 가까운 이 모습은 커다란 논란을 불러일으켰지요. 이로 인해 작품 <칼레의 시민>은 당초 세우기로 했었던 칼레 시청이 아닌 한적한 도시 외곽 공원에 설치하는 수모까지 당하고 나서야 비로소 칼레 시청 앞에 설치될 수 있었습니다.

명예로운 칼레 시민의 이야기는 이렇게 끝이 납니다. 과거 칼레 시가

지키려고 했었고 또 오늘날 칼레 시가 내세우려는 명예로운 시민. 그 명예는 무엇일까요. 오늘날 우리도 명예를 지키며 살아가길 원합니다. 명예라는 개념을 한마디로 정의하기는 어렵지만 무엇이 명예로운 것인지 또 무엇이 명예롭지 못한 것인지는 어렴풋이 알고 있습니다. 영웅은 그 명예가 무엇인지 알고 있는 사람이겠지요. 적어도 그런 사람이어야 영웅이라 불릴 겁니다.

vict, vinc(=victor, 승리자; to conquer, 정복하다)

conviction[kənvíkʃən] <con(=together)+vict+ion(=condition)> 유죄판결,
　　　　　　　　　　확신
convince[kənvíns] <con(=together)+vince> 납득시키다, 확신시키다
evict[ivíkt] <e(=out)+vict> 쫓아내다, 되찾다
invincible[invínsəbəl] <in(=not)+vinc+ible(=showing qualities of~)>
　　　　　　　　　　정복할 수 없는, 무적의
victory[víktəri] <vict+ory(=quality)> 승리, 극복

▶같은 듯 같지 않은 단어들

• announce[ənáuns] (공식적으로 발표하여 전하는 것으로서) 알리다,
　　　　　　　　공표하다

They announced their engagement in *The Time*.
그들은 타임지에 자신들의 약혼을 발표하였다.

• declare[diklέər] (상대방의 반대를 무릅쓰고) 선언하다, 발표하다

A state of emergency has been declared.
비상사태가 선포되었다.

• proclaim[proukléim] (announce에 비해 권위 있게) 포고하다, 선언하다

The president proclaimed the republic's independence.
대통령은 그 공화국의 독립을 선언하였다.

11 Vulgar

낮은 데로 임하소서

말은 생동감, 글은 진중함

말과 글은 인간 언어의 서로 다른 형태입니다. 예전에는 말하기를, 글에 비해 말이 시간과 공간의 제약을 갖는다고 했었습니다. 만들어지는 순간 산산이 흩어지는 음파의 속성 때문이지요. 하지만 이 말도 이제는 수정해야 할 때가 되었습니다. 과학기술에 힘입어 소리를 보관할 수 있는 녹음기가 발명됨에 따라 소리의 순간성과 전달 거리의 한계를 뛰어넘는, 말하자면 시간과 공간의 제약을 넘어설 수 있게 되었으니 말입니다.

말의 속성이 좀 변했다고는 하지만 어차피 말과 글은 다릅니다. 일단 말을 하는 사람은 대상이 있어야 하지만 글을 쓰는 사람은 독자에게 혼잣말을 하는 혼자일 뿐입니다. 다시 말하면, 글을 쓰는 사람은 비록 그 글을 읽어 줄 가상의 독자에게 말을 건네기는 하지만 혼자인 것은 분명하지요. 반면에 말을 하는 사람은 혼잣말도 있기는 하지만 그것은 특수한 경우이고 적어도 두 명, 또는 소수의 대화 상대자가 있어야 합니다. 또한 선거철의 정치꾼들에게는 떠들썩한 청중들이 있어야 합니다. 또 설교자에게는 신앙심이 있는 신자들이 있어야 하겠지요. 그리고 연극이나 뮤지컬을 하는 배우에게는 자신들에게 몰입하는 관객이 있어야 합니다.

"태초에 말씀이 있으셨다"라는 성경 어구를 생각해 보더라도 말이 글보다 먼저 있었던 것은 분명합니다. 신은 세계를 말하고 이름 지음으로써 세계를 창조하였습니다. 그것이 창조주의 말씀, 곧 말이었습니다. 그리고 난 후 말에서 글이 생겨났습니다. 말에서 글이 생겨난 것이기 때문에 글이 생명력을 갖기 위해서는 말이 필요합니다. 말은 살아 움직이는 것이며 글은 말에 비해 정적인 것이기에 말이 없는 글은 생동감을 느낄 수 없습니다.

그래서 문학적인 글은 끊임없이 신선하고 생생한 구어체를 염원합니다. 즉, 말로 돌아가려는 시도를 은연중에 하고 있는 것이지요. 위대한 작품에는 독자들이 작가를 알아볼 수 있는 그 작가만의 목소리가 있습니다. 위대한 작가는 글 속에 자신의 목소리를 녹여 놓아서 자신을 알아보게 할 수 있는 능력이 있다는 것이지요.

그런데 말과 글의 이러한 상호 보완이 지나쳐서 일까요. 오늘날의 글은 말을 향하여 지나치게 다가간 나머지, 글이 가져야 할 깊이와 무게를 지니지 못하고 있습니다. 깊이가 없으니 글쓴이의 목소리와 향기를 담을 수 없고, 무게가 없으니 진정성을 담보하지 못해 읽는 사람의 심금을 울리지 못합니다.

또한 말도 문제점을 드러내고 있습니다. 연설을 예로 들자면, 연설은 말이므로 말이 갖는 특성, 즉 순간성과 현장성을 살려야 합니다. 다시 말하면, 연설을 하는 현장의 상황과 사정을 반영하여야 효과를 극대화할 수 있지 않겠습니까. 그런데 요즈음 연설가들의 연설은 즉흥적이지 않은 경우가 많습니다. 심지어 글로 써서 읽는 경우도 많습니다. 이렇게 되면 그것은 말이 아니라 소리로 쓴 글인 셈입니다.

문명 잉태의 씨앗, 문자의 발명

주지히디시피 말과 글은 싱내빙에 내하어 서로의 생삭을 수고받는 수단입니다. 그럼으로써 얻게 되는 것을 기록으로 남겨 후대에 전달하고 그것이 지식으로 축적되어 오늘날의 문명을 일군 겁니다. 그런데 인간이 언제부터 말과 글을 사용해 왔는지 정확한 시기는 알 수 없습니다. 물물교환 시대를 거치며 사람들은 곡물이나 가축의 수를 기록해야 할 필요가 생겼고 그에 따라 문자를 만들게 되었다는 것이 학계의 주장입니다. 이후 문자를 이용하여 신에게 바치는 공물을 기록하고 또 곡식의 파종 시기뿐만 아니라 우기와 건기 등을 기록할 수 있게 되면서 문자 발명은 이른바 농사혁명을 촉발시키는 밑거름이 되었던 것이지요.

문자가 더욱더 정교하게 발달하면서 사람들은 주변에 일어나는 일을 글로 기록할 수 있게 되었고 그로 인해 원시사회는 크게 변모합니다. 앞서 말한 것처럼, 다양한 기록을 통하여 과거는 물론 동시대 사람들의 사고와 지혜를 축적할 수 있게 되었고 그것을 기반으로 문화의 계승과 발전이 이루어졌습니다. 그리고 기록해 둔 내용을 토대로 자기 자신을 돌아보는 자기 성찰이 가능해져 깊이 있는 사고를 하게 되었지요. 또 기록에 대한 논의나 비판을 통하여 훨씬 더 뛰어난 지혜를 갖추게 됨은 물론 깊이 있고 폭넓은 지식을 얻게 되었습니다. 게다가 글로 쓰인 경전은 신앙의 기본 토대가 되어 자연신앙이 체계적인 종교로 탈바꿈하는 계기를 마련해 주었습니다. 또한 문자를 터득한 식자 계층은 그렇지 못한 사람들에 대하여 우월한 지위를 차지하면서 신분제가 생겨났습니다.

글을 쓸 줄 아는 고대 이집트의 필경사를 일례로 들어보겠습니다. 토토신이 발명했다는 문자, 그것을 쓸 줄 아는 필경사는 신의 지근거리에서 일하는 사람으로서 특별한 대우를 받았습니다. 특별대우를 받는 직업이 그러하듯 필경사가 되는 것 또한 쉬운 것은 아니었습니다. 먼저 구어체 문자인 데모틱demotic을 배운 후에 신관 문자인 히에라틱hieratic과 비문 등에 극히 제한적으로 쓰이는 신성문자 히에로글리프hierogliph를 익혀야 했습니다.

되기가 힘든 만큼 필경사가 되고 난 이후 그들은 특혜를 누렸지요. 필경사들은 일에 상응하는 대가를 받으면서도 세금은 면제받았습니다. 어느 시대에서든 문자 사용은 지배계층의 전유물이었기에 평민은 언감생심 엄두도 내지 못했습니다. 하지만 근대를 거치면서 시민사회가 발달하며 자유와 평등사상이 확산되고 나아가 교육의 기회가 확대되면서 문맹률은 급속도로 낮아졌습니다. 대중들이 문자를 사용하게 되자 그것에 맞춰 어려운 문자는 손쉽게 사용할 수 있는 문자로 대체되기도 했습니다. 그 대표적인 예가 바로 간소화된 실용문자인 중국어 간자체입니다.

알다시피 중국어는 지구상에서 사용자를 가장 많이 보유한 언어입니다. 스페인어 사용 인구는 3억 2,900만 명, 영어 3억 2,800만 명인데 비하여 중국어는 8억 4,500만 명이니 단연코 지구상에서 가장 사용자가 많은 언어라고 할 수 있습니다. 그런데 중국어가 갖고 있는 특이한 점 가운데 하나는 방언이 많다는 것입니다. 억양과 어순에 있어서 방언의 차이가 심하여 서로 소통이 되지 않는 경우도 있습니다.

주요 중국어 방언을 보면, 먼저 중국인의 70% 정도가 사용하는 만다린어가 있고 상하이의 우 방언, 푸젠의 하카 방언, 동남아시아에 거주하는 화교와 홍콩, 광저우 지역에서 사용되는 광둥 방언 등이 있습니다.

만다린어는 과거 관리들이 사용하는 중국어였습니다. 만다린mandarin이란 말은 포르투갈 사람들이 중국과 교역하는 과정에서 생긴 낱말입니다. 당시 중국의 청 왕조를 다스리던 지배층이 만주인들이었고 그 만주의 중국어식 차음이 바로 만다린인 것이지요. 전국에 파견되는 관리들에 의해 만다린어는 중국 전역으로 확산되었고 1950년 중국의 마오쩌둥 정부는 만다린어를 표준어로 지정했습니다. 그리고 이것을 보통 말, 보통 언어라는 뜻의 푸퉁화라고 불렀지요. 그러니까 우리가 언론에서 보고 또 학교에서 배우는 중국어가 바로 푸퉁화인 것입니다.

중국어이 쇼리 언어, 즉 말은 푸퉁화로 정리기 되었지만 중국의 전통 글자인 한자는 여전히 문제가 많습니다. 한자는 알다시피 복잡한 글자인데다가 글자 수가 5만여 개에 이릅니다. 중국인들 가운데서도 아주 유식한 사람이 1만 자 정도를 안다고 할 수 있습니다. 그런데 최소 2천5백 자 정도는 알아야 글을 읽고 쓸 수 있습니다.

게다가 한자는 원래 사물을 형상화한 그림에서 출발한 상형문자입니다. 다시 말하면, 한자는 소리 나는 대로 자음과 모음을 표기하는 표음문자가 아니라 뜻에 상응하는 음절을 각각 써야 하기 때문에 이렇게 글자 수가 많을 수밖에 없습니다. 11세기에만 하더라도 상형문자가 많았지만 점차 그림들을 결합하여 추상적인 의미를 나타내는 표의문자로 변모하였습니다. 통일 왕조인 진나라와 한나라를 거치면서 글자체가 많이 바뀌었지만 오늘날의 한자는 한나라 글자에 바탕을 둔 것이라 할 수 있습니다.

그런데 수도 많지만 한자의 약점은 무엇보다도 익혀서 쓰기가 어렵다는 것입니다. 근현대까지도 중국인들의 문맹률이 높았던 이유가 바로 그것 때문이었습니다. 높은 문맹률이 문제가 되자 중국 정부는 문맹률을 낮추기 위한 방안을 내놓았습니다. 사용 빈도수가 높은 1천여 개의 글자를 간소화하여 배워서 쓰기 쉽게 할 뿐만 아니라 간자 하나로 전통 한자 여러 개를 대신하게 하는 것이었습니다.

대중화는 보편적 추세이자 대세

　현재까지는 간자의 도입이 성공적인 것으로 보입니다. 문맹률이 많이 낮아졌고 전통 글자인 번자체 사용은 줄어들어 상대적으로 간자의 영향력이 더 커졌기 때문입니다. 모난 돌이 정 맞는다는 속담처럼 특별한 것이 일반적으로 바뀌는 것, 즉 중국어의 번자체가 간자체로 바뀌는 것은 어쩌면 당연한 것인지도 모릅니다. 라틴어도 그와 비슷한 과정을 겪었는데 영어 단어 vulgar를 보면 그것을 잘 알 수 있습니다.

　저속하다는 의미를 가진 vulgar은 사실 그렇게 나쁜 뜻을 가진 단어는 아닙니다. 일반 대중과 연관된 의미, 즉 품격이 높지 않다는 의미입니다. 거칠고, 조잡한 것이어서 귀족들이 보기에 자신들의 것과는 달리 천박하고 외설스럽다는 것입니다. vulgar는 평민의 의미를 갖는 라틴어 vulgus에서 유래되었습니다. 로마제국의 평민들은 일상적 언어인 Vulgar Latin을 사용했었는데 이것이 후에 로맨스어로 분류되는 스페인어, 불어로 파생된 것이지요.

　이 Vulgar Latin은 4세기에 히에로니무스Eusebius Hieronymus, 즉 영어식 이름으로 제롬St. Jerome, 347-420이 불가타 성경Vulgate Bible을 번역할 때 사용하였는데 통속적인 Vulgar Latin으로 되어 있음에도 불구하고 이 성경은 그 이후 수세기 동안 로마 가톨릭 교회에서 사용되었습니다. 마지막으로 vulgar의 의미를 고스란히 이어받은 영어 단어가 있는데 그것은 다름 아닌 divulge입니다. 어떤 정보를 알려주다 또는 폭로한다는 뜻을 갖고 있지요. divulge는 라틴어 divulgare에서 유래된 것인데 divulgare는 일반 대중에게 알려지는 것을 의미하는 단어였습니다.

　그러니까 귀족들만으로 제한되는 것인데 일반 평민에게 폭로되었다는 것이지요. 즉, 귀족 중심의 사회에서는 평민과 관련되는, 그래서 일반화 되는 것은 통속적인 것이고 또 천박한 것이 되는 겁니다. 하지만 그런 시대는 끝나고 모든 것이 달라졌습니다. 일반적이고 대중적인 것이 무조건적으로 저평가되지는 않습니다. 이제는 일반 대중이 사회의 주역이니까요.

graph, gram(=drawing, letter, 그림, 글자; to write, 문자로 쓰다)

autograph[ɔ́ːtəgræf] <auto(=self)+graph> 자필, 친필, 서명(하다), 자필의
biography[baiάgrəfi] <bio(=life)+graph+y(=condition)> 전기, 일대기
calligraphy[kəlígrəfi] <calli(=beauty)+graph+y(=condition)> 명필, 필적,
　　　　　　　　서예, 서법
geography[dʒiːάgrəfi] <geo(=earth)+graph+y(=condition)> 지리(학), 위치
graphic[grǽfik] <graph+ic(=pertaining to~)> 생생한, 사실적인, 도식의
　　　　　　　기록한
stenograph[sténəgræf] <steno(=narrow)+graph> 속기, 속기록

▶같은 듯 같지 않은 단어들

- invaluable[invǽljuəbəl] (값을 매길 수 없이) 매우 귀중한

　His experience of teaching in Irish schools proved invaluable.
　그가 아일랜드 학교에서 가르쳤던 경험은 매우 값진 것으로 입증되었다.

- valuable[vǽljuːəbəl] 값어치 있는, 귀중한

　The job gave her an opportunity to gain valuable experience.
　그 일은 그녀에게 귀중한 경험을 얻을 수 있는 기회를 제공했다.

- valueless[vǽljuːlis] 가치 없는, 하찮은

　Such attitudes are valueless unless they reflect inner cognition and
　certainty.
　만일 그들이 내부 인식이나 확인을 반영한 것이 아니라면 이러한 태도는 무가치
　한 것이다.

12 Advertisement

넌 이미 낚였어

advertisement[ædvərtáizmənt]
① 광고, 선전
② 통고, 공시

광고, 절대 내 편이 아닌 유혹

자본주의의 꽃이라 불리는 광고. 한자어 廣告광고를 풀이하면 널리 알린다는 뜻인데 영어로는 advertisement 또는 advertising입니다. 이것은 라틴어에서 향하는 쪽을 나타내는 ad-와 돌린다turn는 의미인 vertere를 결합시킨 어휘입니다. 이것이 고대 불어에 들어와 advertir 또는 -d-가 없는 avertir로 형태가 바뀌면서 경고warn의 의미로 사용되었습니다. 이것이 영어에 유입되어 중세 영어 advertisen으로 쓰이게 되었고 시간이 지나면서 점차 주목한다는 뜻으로 의미가 약화되었습니다. 여기에 광고라는 의미가 덧붙여져 사용된 것은 18세기 중엽부터입니다.

오늘날의 상업 광고를 살펴보면 라틴어 어휘의 원래 의미, 즉 특정 방향으로 돌리다turn toward 그러니까 자신들이 광고하는 상품 쪽으로 소비자가 마음을 돌려주기를 바라는 의미를 구현한 것입니다. 더 나아가 상품을 사 달라는 것이지요. 그런데 advertisement광고와 비슷한 형태의 어휘로서 적 또는 상대편이라는 의미의 adversary가 있는데 두 어휘의 상관관계가 아주 재미있습니다. 이를테면 adversary적, 상대편는 turn against, 즉 등을 돌린다는 라틴어 adversus에서 유래된 말인데 등을 돌리니 우리 편이 아닌 상대편을 뜻하는 것이고, 더 심하면 적이 되는 겁니다. 그런데 광고와 적을 연관시켜 보면, 광고는 우리의 지갑에서 돈을 빼내가는 적이라고 볼 수 있지요. 광고라는 적을 제대로 경계하지 못하면 내 돈을 고스란히 잃게 되니 그야말로 광고 속에는 caveat emptor=buyer beware, 즉 구매자 부담 원칙, 상품에 대한 것은 사는 사람의 책임이 숨어 있다고나 할까요.

어쨌든 광고는 내 편이 아니므로 어떡해서든 내 돈을 빼앗아 가려고 모든 수단을 동원합니다. 그런 수단 가운데 하나가 바로 한정 판매인데 물량이 한정되어 귀해지면 서로 구하려는 경쟁이 치열해져 그 물건의 가격은 오르게 마련입니다. 이런 사실은 옛날도 마찬가지여서 로마시대에도 Rara sunt cara, 즉 희귀한 것은 비싸다는 말이 쓰였습니다. 판매자들로부터 듣게 되는 '물량이 조금밖에 남지 않았습니다', '오늘 뿐입니다', 'ㅇㅇ 개밖에 없는 한정 제품입니다' 등은 상품이 희귀하다는 사실을 부각시키는 말이지요. 누가 사버리면 다시는 구할 수 없게 될 수도 있다는 조바심을 부추기며 소비자들로 하여금 빨리 구매하게 만드는 것입니다.

그런데 이러한 광고 효과는 의외로 크기 때문에 많은 소비자들이 한정 판매에 현혹되어 실제로 구매를 합니다. 이른바 희소성의 오류를 범하게 되는 것인데요. 이것은 실험으로도 입증되었습니다. 사회학자 스티븐 워 첼Stephen Worchel의 소비자 선호도 조사가 바로 그것입니다. 실험 내용은 이렇습니다. 학생들을 A 그룹과 B 그룹으로 나누어서 비스킷의 품질을 평가해 달라고 요청했습니다. 그런데 A 그룹의 학생들에게는 비스킷을 상자에 푸짐하게 담아 주었고 B 그룹의 학생들에게는 딱 두 조각을 주었습니다. 그랬더니 푸짐하게 받은 A 그룹보다는 두 조각의 비스킷을 받은 B 그룹, 즉 적게 받은 B 그룹이 그 비스킷을 희귀하게 생각한 나머지, 비스킷의 품질을 훨씬 높게 평가했습니다. 여러 번 동일한 실험을 반복해 보았는데 결과는 일관되게 나왔다는 겁니다.

사람들이 범하기 쉬운 희소성의 오류. 희소성의 오류에 관한 실험은 이 외에도 더 있는데 흔히 거론되는 예를 더 들어 보겠습니다. 예인즉슨, 피실험자 한 사람 한 사람에게 동일하게 번호가 매겨진 열 장의 그림을 나누어주고 작품성이 우수한 정도에 따라 순위를 매기도록 했습니다. 또한 실험을 마치고 돌아갈 때 열 장의 그림 중 하나를 주겠다고 말했습니다. 그런데 피실험자들이 평가를 끝냈을 때 또 다른 지시 사항을 알려줍니다. 다름이 아니라 3번 그림은 피실험자가 원해도 줄 수 없다는 것. 그리고 이전의 평가를 무시하고 다시 순위를 매겨달라는 것이었습니다. 그랬더니 예상외의 결과가 나왔습니다. 3번 그림을 줄 수 없다는 말이 영향을 미쳐서 대부분의 피실험자들이 3번 그림을 가장 우수한 것으로 평가했다는 겁니다.

금기에 대한 저항 반응, 로미오와 줄리엣 효과

이것은 일종의 저항 반응인데 이를테면 사람들의 내면에는 대체로 금기시되어 있는 것을 더 소유하려고 하고 또 금기시되어 있는 행동을 더 하고 싶어 하는 심리가 존재합니다. 이것을 심리학에서는 로미오와 줄리엣 효과Romeo & Juliet effect라고도 하는데 자신의 자유를 위협받거나, 행동이나 생각이 반대에 부딪힐 때 그것을 극복하기 위해 더욱더 심하게 저항하는 것을 일컫는 말입니다.

알다시피 『로미오와 줄리엣』은 동서고금을 통틀어 가장 널리 알려진 유명한 연애 이야기의 대명사, 또한 그 연애 이야기의 주인공이기도 합니다. 철천지원수 집안의 자제인 로미오와 줄리엣은 불꽃같은 사랑을 끝내 이루지 못하고 비극적으로 생을 마감하게 됩니다. 당시 셰익스피어William Shakespeare, 1564-1616가 이 작품을 쓰게 된 동기와 과정에 대해서는 여러 가지 억측이 분분합니다. 영화 <셰익스피어 인 러브Shakespeare in Love>는 그것과 연관 지어 셰익스피어가『로미오와 줄리엣』을 집필하고 탈고하는 과정을 재현해 본 것이지요. 그러나 그 영화는 한 시나리오 작가의 상상에 불과합니다. 지금까지 알려진 바에 따르면 셰익스피어가『로미오와 줄리엣』을 직접 창작한 것은 아니고 브루크Arthur Brooke가 1562년 쓴 운문 노벨레, 즉 <로미오와 줄리엣The Tragical History of Romeus and Juliet>을 모방한 것으로 알려져 있습니다. 게다가 줄거리는 더 거슬러 올라가 이탈리아 작가 마수치오Masuccio의 1476년 작품 모음집인『노벨리노』에 처음 등장합니다.『로미오와 줄리엣』의 줄거리인즉슨 이렇습니다.

로미오 몬터규는 짝사랑하던 귀족 처녀 로잘린이 카플렛의 가면 무도회에 참석한다는 이야기를 듣고 그녀를 만나기 위해 목숨을 걸고 숨어든다. 그런데 그 무도회에서 로미오는 줄리엣을 만나게 되고 둘은 급기야 사랑에 빠진다. 두 사람은 자신들의 집안이 오래전부터 서로 원수지간이라는 사실을 알고 비탄에 잠기지만 결혼을 약속하고 다음날 로렌스 수사를 찾아가 비밀 결혼식을 올린다. 한편, 원수지간이었던 두 집안은 사사건건 부딪쳐 사고가 터진다. 줄리엣의 사촌 티벌트가 로미오의 친구 마큐시오를 찔러 죽이자 로미오는 티벌트와 결투를 벌여 그를 죽인다. 이 때문에 로미오는 베로나에서 추방당한다.

이 와중에 패리스라는 귀족과 결혼시키려는 아버지의 계획을 알게 된 줄리엣은 로렌스 수사와 의논하여 다른 계획을 세운다. 잠들었다가 이틀 뒤에 깨어나는 독약, 그 독약을 먹고 잠들었다 깨어날 때 로미오가 줄리엣을 구하게 한다는 것인데 로렌스 수사가 로미오에게 이 계획을 알려주지 못했기 때문에 그것이 비극적 결과를 낳게 된다.

한편, 줄리엣은 결혼식 전날 로렌스 수사가 준 약을 먹고 깊은 잠에 빠져든다. 줄리엣은 다음날 아침 성당 묘지에서 죽은 모습으로 사람들에게 발견된다. 줄리엣이 죽었다는 소식을 듣고 무덤으로 찾아간 로미오는 그것이 속임수인 줄 모르고 진짜 독약을 먹고 줄리엣 옆에서 죽는다. 몇 시간 후 잠에서 깨어난 줄리엣은 숨진 로미오를 발견하고 단검으로 가슴을 찔러 목숨을 끊는다.

시대를 초월한 절절한 사랑이야기

이와 같은 줄거리의 『로미오와 줄리엣』. 이는 셰익스피어의 초기 작품으로서 많은 그의 작품 중에서도 손꼽히는 걸작입니다. 5막의 이야기 속에 잦은 우연이 비극의 필연성을 떨어뜨리기는 하지만 셰익스피어 특유의 재기발랄한 언어 구사력이 이를 충분히 보상하고도 남습니다. 또 20대인 로미오와 줄리엣이 그렇게 시적인 언어를 쓰겠는가 하는 개연성 또한 문제의 소지가 있지만 그것 역시 언어유희 같은 현란한 말솜씨에 의해 상쇄됩니다. 예컨대 다가오는 운명을 예견이라도 하듯, 정원으로 숨어든 로미오를 보고 줄리엣이 놀라며 묻자, 그때 로미오는 시인처럼 이렇게 말합니다.

사랑의 가벼운 날갯짓이 나를 데려와요.
돌로 쌓은 성벽도 사랑을 막을 수는 없어.
사랑은 사랑이 할 수 있는 일이라면 뭐든지 해내니까.

바로 이 대목에서 로미오와 줄리엣 효과가 생겨나게 된 것이 아닌가 합니다. 사랑은 자신을 가로막는 장벽이 생기면 더욱더 활활 타오르게 되니까요. 이를테면 원치 않는 다른 사람과 결혼해야 하는 시간적 장벽, 원수 지간이라는 도저히 넘을 수 없는 공간적 장벽, 이루어질 수 없는 사랑에 절박함을 느낀 로미오와 줄리엣, 궁지에 몰린 그들의 사랑은 더욱 견고해져 갑니다. 너무 단단해지다 보면 깨어지는 것이 자연의 섭리인가 만남에서 죽음까지 5일간의 불같은 사랑의 행적, 그것은 너무나 아름답고 찬란한 슬픔으로 끝을 맺습니다.

33살이 되던 1579년에 쓴 이 작품으로 셰익스피어는 무명작가에서 일약 스타작가가 됩니다. 그는 고전과 역사물을 섭렵하여 그것의 모티브에 재미있는 스토리를 덧입히고 그것을 기발한 비유와 위트로 그려 냈습니다. 그러나 그가 인도와도 바꾸지 않을 정도의 위대한 작가로 추앙받게 된 까닭은 무엇일까요. 그것은 무엇보다도 인간 본성을 꿰뚫어 보는 그의 예리한 통찰력 때문입니다. 그가 작품을 통해 그려 낸 주인공들의 성격과 행동 양식은 오늘날 우리들의 모습과 크게 다르지 않습니다. 이것은 말하자면 셰익스피어가 420여 년 전 벌써 인간 군상의 모습들을 정확히 파악하고 있었다는 것을 방증하는 겁니다.

넘을 수 없는 사랑의 장벽도 없고 그래서 간절함과 절실함도 없으니 가벼운 사랑만을 일삼는 오늘날의 젊은이들. 이 현대판 로미오와 줄리엣 커플들에게는 목숨까지 불사하는, 그래서 더더욱 가슴 저미는 사랑을 보여 준 원조 로미오와 줄리엣이 어떻게 비춰질까요. 셰익스피어는 이 작품을 통하여 진실한 사랑의 슬픔이야말로 완전한 사랑의 기쁨으로 승화될 수 있다는 사랑의 역설을 전하려는 것이 아닐까요.

TIP!

vers, vert(=to turn, 반대로 향하다, 등 돌리다)

adversary[金dvərsèri] <ad(=to)+vers+ary(=a person who)> 적, 상대, 반대자

adversity[金dvə́ːrsəti] <ad(=to)+vers+ity(=condition)> 불행, 역경, 재앙

advertisement[金dvərtáizmənt] <ad(=to)+vert+ise(=to act with the qualities of~)+ment(=result of an act)> 광고, 선전, 공고

advertent[金dvə́ːrtənt] <ad(=to)+vert+ent(=having the quality of~)> 주의하는, 신중한

aversion[əvə́ːrʒən] <a(=from)+vers+ion(=condition)> 혐오, 반감

▶같은 듯 같지 않은 단어들

• journal[dʒə́ːrnəl] (전문직 사람들을 대상으로 하는) 정기 간행물

All our results are published in scientific journals.
우리가 얻은 모든 결과들은 과학 저널에 발표되었다.

• magazine[mæ̀gəzíːn] (정기적으로 발행되는) 잡지

Her face is on the cover of a dozen or more magazine.
그녀의 얼굴은 열두서너 개의 잡지 표지에 실렸다.

• newspaper[njúːzpèipər] (월요일부터 토요일까지 또는 일요일마다 발행되는) 신문

They read their daughter's allegation in the newspaper.
그들은 신문에서 자기네 딸의 혐의 사실을 읽었다.

Match made in heaven.
천생연분.

13 Time
인간 세계의 절대 권력

[
time[taim]
① 시간, 시일, 때, 세월
② 쓸 수 있는 시간, 틈
③ 기간 동안
]

태양의 움직임, 시간

프랑스 고전주의 화가 니콜라 푸생Nicolas Poussin, 1594-1665은 후에 교황 클레멘스 9세가 된 줄리오 로스필리오시의 요청으로 <시간의 춤>이라는 작품을 그렸습니다. 그것은 그리스 로마 신화의 내용을 빌려 시간과 인생의 관계를 잘 나타낸 작품으로 유명합니다.

그림을 보면 새벽의 신 오로라와 태양신 아폴로가 황금마차를 몰고 하늘을 날고 있습니다. 그것은 태양의 움직임, 즉 새벽, 오전 그리고 오후로 시간이 가고 있음을 암시합니다. 그리고 땅에서는 날개를 단 시간의 신, 사트르투스가 리라를 연주하고 있습니다. 그 음악에 맞춰 빙빙 도는 춤을 추고 있는 쾌락, 부, 가난, 근면의 무희들은 이 네 가지 요소가 교차하는 인생의 수레바퀴를 상징하는 것이지요. 왼쪽의 돌기둥은 두 얼굴의 신, 야누스Janus입니다. 늙은 얼굴은 과거를, 젊은 얼굴은 미래를 바라보고 있습니다. 그래서 가는 해와 오는 해의 접점인 1월을 로마인들은 January라고 불렀습니다.

시계와 달력이 없었던 그 옛날, 사람들은 시간을 세 가지 방식으로 인식했었습니다. 사계절의 일 년, 해가 뜨고 지는 하루, 보름달이 이지러졌다가 다시 차오르는 기간인 한 달이 바로 그것입니다. 시간에 관심을 둔 이유는 무엇보다 농사와 관련지어 절기를 챙겨야 했고 그 필요성 때문에 결과적으로 사계절과 일 년 열두 달을 가르게 되었습니다. 그런 후에 각각 명칭을 붙여 놓았는데 그것을 하나씩 살펴보겠습니다.

생명의 순환 주기, 계절

새 생명의 탄생, 성숙, 결실, 죽음 그리고 다시 부활하는 생명의 순환은 계절의 변화와 맞물려 있습니다. 이른바, 가을은 생명의 완성을 의미하는 수확의 계절이지만 쇠락의 계절이기도 합니다. 죽음을 의미하는 겨울로 이어지기 때문이지요. 물론 겨울은 영원한 죽음이 아니라 곧 되살아나는 부활을 암시합니다. 이와 같은 계절의 변화와 생명 순환에 관한 서구인들의 생각은 그리스 로마 신화에서도 엿볼 수 있습니다. 그 내용은 이렇습니다.

곡물의 여신 데메테르(로마 신화의 케레스)는 제우스와의 사이에서 딸 페르세포네(로마 신화의 프로세르피나)를 두었습니다. 제우스는 자신의 동생이자 저승의 신 하데스가 노총각 신세인 것을 딱하게 여겨 페르세포네와 부부의 연을 맺어 줄 생각을 하고 있었습니다.

어느 봄날, 페르세포네가 들판에서 꽃을 꺾고 있었을 때 갑자기 땅이 갈라지더니 마차가 솟구치며 다가왔습니다. 그것은 다름 아닌 저승의 신 하데스의 마차였지요. 눈 깜짝할 사이에 하데스는 페르세포네를 낚아채어 지하세계로 데려 갔습니다.

한편, 자신의 딸이 보이지 않자 곡물의 여신 데메테르는 사방팔방으로 딸을 찾아 다녔습니다. 딸을 찾으려는 일념으로 모든 식물들을 돌보아야 하는 자신의 책무까지 잊고 있었습니다. 때문에 지상의 모든 식물들은 나날이 시들어 가기 시작했지요. 사태가 여기에 이르자 제우스는 데메테르와 하데스를 불러 중재를 주선할 수밖에 없었습니다. 그 결과, 페르세포네는 일 년 중 아홉 달을 지상에서 보내고, 넉 달은 저승 세계에서 하데스의 부인으로 살아가게 된 것이지요.

그런데 데메테르의 지나친 모성애가 문제였습니다. 그녀는 페르세포네를 지하세계로 보내고 나면 딸 걱정으로 자신이 해야 할 일을 망각하기 일쑤였습니다. 그 시기가 겨울인데 그때가 되면 모든 식물들이 시들어 말라 죽게 되었습니다. 그러다가 페르세포네가 돌아오는 봄이 되면 데메테르는 기뻐하며 식물들을 보살피기 시작하여 싹을 틔우고 꽃이 피어나게 하였습니다. 계절의 순환은 이렇게 시작되었다고 합니다. 그렇다면 계절의 이름은 어떻게 붙여진 것일까요.

계절의 시작인 spring봄은 영어의 조상 언어인 인도유럽어 sprengh에서 왔습니다. spring은 '샘물' 또는 '근원'이란 의미가 시사하듯 새 생명이 솟아나는 것을 뜻합니다. 16세기에 spring of the year새해의 시작이라는 표현으로 사용되다가 후에 계절의 이름이 되었습니다.

summer여름는 인도유럽어의 sema에서 유래된 것으로서 half of the year한 해의 절반이라는 의미였습니다. 한 해의 끝인 겨울을 기준으로 보면 여름은 그 중간인 셈이지요.

autumn가을은 고대 불어 autompne에서 온 것인데 이는 원래 라틴어 autumnus늘리다에서 유래된 것입니다. 즉, 하나의 씨앗에서 여러 개의 열매를 수확하는 시기입니다. 원래 고대 영어에서 가을을 나타내는 어휘는

harvest수확, 추수였는데 16세기에 autumn으로 대체되기 시작한 것이지요. 또한 미국 영어에서 많이 쓰이는 fall가을 또한 그 시기에 등장했습니다. 싹이 돋아나는 spring과는 반대로 fall of the leaf잎의 떨어짐의 계절이 곧 가을인 것이지요.

winter겨울는 여러 가지 설이 있기는 하지만 인도유럽어 wind-(=white, 흰)에서 유래되었다는 설이 유력합니다. 즉, 원조게르만들이 경험한 북유럽의 겨울은 눈과 얼음이 뒤덮인 하얀 겨울이었던 겁니다. 하지만 혹독한 겨울 뒤편에는 우리를 기다리는 봄이 있습니다. "If winter comes, can spring be far behind?겨울이 오면 봄이 어찌 멀리 있으리?"라는 셸리Percy B. Shelley, 1792-1822의 시구처럼 말이지요. 어쩌면 계절의 순환은 고진감래의 교훈을 전하는 자연의 가르침인지도 모릅니다.

달과 요일의 명칭

한편, 계절의 순환과 태양의 움직임을 파악한 후 일 년이라는 시간의 단위를 정하게 되었습니다. 그리고는 일 년을 더 작은 단위 12개로 쪼개어 각각의 이름을 붙였습니다. 그 명칭은 라틴어에서 가져온 것이 많지만 고대 영어에서 온 명칭도 있습니다.

먼저, January1월는 앞서 말한 대로 과거와 미래의 신 야누스에서 따왔습니다. February2월는 심신을 정화하며 속죄하던 의식, Februa에서 비롯되었고, March3월에 주로 정복전쟁을 개시했던 로마인들은 전쟁의 신 마르스Mars를 생각하고 이름을 붙였습니다. April4월의 기원은 불분명합니다. 로마력의 두 번째 달이므로 그런 뜻의 apero에서, 또는 이 시기에 꽃잎이 열리는 것을 뜻하는 aperire에서 비롯되었다고 합니다. May5월는 이 시기와 걸맞은 풍요의 여신 Maia에서 나왔고 June6월은 로마의 명문가 Junius에서 유래되었습니다. July7월는 로마의 정복자, 시저Julius Caesar의 이름에서 따온 것이며, August8월는 시저의 조카 Augustus Caesar에서 유래된 것이지요. September9월는 일곱 번째seven<septem 달이란 뜻인데 그것은 원래 March3월가 첫 번째 달이었기 때문입니다. 이처럼 두 달씩 뒤로 밀린 것이 10월October, octo=eight, 11월November, novem=nine, 12월December, decem=ten입니다.

알다시피 생활 주기 가운데 한 해, 한 달, 하루는 태양과 달 그리고 지구의 움직임에 따른 시간 단위입니다. 그런데 그와는 다른 시간 단위가 있는데 그것이 바로 주week입니다. 구약성서의 창세기에는 하느님이 엿새 동안 천지를 창조하시고 7일째 안식을 가졌다고 되어 있습니다. 이렇게 7일을 하나로 묶는 기독교의 전통은 로마 제국의 팽창과 더불어 유럽 전역으로 퍼졌고 중세와 근대를 거치며 보편화되었습니다.

그런데 7일 단위의 관습은 원래 음력에 근거한 것이지요. 즉, 초승달, 상현달, 보름달, 하현달, 그믐달이 차례로 나타나는 28일 주기. 그 네 개의 달 모양이 나타나는 각각의 구간이 7일 간격인데 그것이 곧 일주일입니다. 그렇다면 일주일을 구성하는 7일의 명칭은 어디서 온 것일까요.

먼저 Sunday는 라틴어 dies solis=day of Sol, 태양신 솔의 날를 번역한 것입니다. Monday는 라틴어 lunis dies=Luna's day, 달의 여신 루나의 날를 옮긴 겁니다. 달은 주기적으로 모양이 변하기 때문에 예로부터 변덕이나 광기와 관련되었습니다. moonish변덕스러운, moonstruck미친 것 같은 등의 어휘가 그것이지요. TuesdayTiw's day, 티우의 날는 라틴어 dies Martis=day of Mars, 전쟁 신 마르스의 날를 번역한 것인데, 이는 영어 사용자들이 로마 신화의 마르스에 필적하는 신으로 게르만 전쟁 신, 티우를 생각했기 때문입니다. WednesdayWodnesdaeg=Odin's day, 오딘의 날는 라틴어 Mercurii dies=Mercury's day, 메신저 신 머큐리의 날를 번역한 것입니다. 로마 신화의 머큐리와 게르만 신화에서 최고의 신, 오딘의 비중이 들어맞지는 않지만 아마도 영어 사용자들은 지식과 마술을 관장한다는 공통점을 찾아내어 머큐리를 오딘으로 대체한 것 같습니다. Thursday^{Thor's} 토르의날는 라틴어 **Jovis dies**=Jupiter's day, 주피터의 날를 번역한 것인데, 토르는 게르만 최고의 신 오딘의 아들로서 서열 2위인 천둥^{thunder}의 신입니다. 그가 망치를 휘두르면 천둥이 치고 망치로 바위를 치면 번개가 일었는데 천둥과 번개를 쓴다는 점에서 토르와 주피터그리스 신화의 제우스가 동일시된 셈이지요. Friday^{Frig's day}, 프리그 여신의날는 라틴어 **Veneris dies**=Venus' day, 비너스의 날를 번역한 것입니다. 오딘의 아내이자 게르만 최고의 여신 프리그와 비너스그리스 신화의 아프로디테가 정확히 대응되는 것은 아니어서 어쩌면 게르만 신화에 등장하는 사랑의 여신인 프레야^{Freya}가 프리그로 바뀌었을 가능성도 있습니다. Saturday^{Saturn's day}, 새턴의날는 라틴어 **Saturni dies**=Saturn's day, 농업의 신 새턴의 날를 번역한 것인데 새턴그리스 신화의 크로노스은 로마 신화에서 농업을 주관하는 신입니다.

나이가 들면 시간이 점점 빨리 간다는 말을 합니다. 천체의 움직임이 점점 빨라지는 것 때문은 아니니 아마도 할 일이 많아져 쉴 틈이 없어졌기 때문이겠지요. 이런 생각, 이런 느낌은 선인들에게도 마찬가지였나 봅니다. 중국 송대의 유학자 주자朱子, 1130-1200도 "未覺池塘春草夢^{미각지당춘초몽} 階前梧葉已秋聲^{계전오엽이추성}"이란 시로 똑같은 심정을 노래했습니다. 연못의 봄풀은 아직 꿈에서 깨지도 못한 것 같은데 섬돌 앞 오동잎은 벌써 가을 소리를 낸다는 말이지요. 이 와중에도 시간은 참 빠르게 가고 있습니다. 봄은 오고 여름은 가고 꽃은 피고 낙엽은 지네. 곡조를 타고 흐르는 노랫말처럼 세월은 강물처럼 흘러갑니다.

metr(o), meter(=measure, 재다)

barometer[bərámitər] <baro(=pressure)+meter> 기압계, 지표, 척도
chronometer[krənámitər] <chrono(=time)+meter> 시계, 정밀시계
geometry[dʒiːámətri] <geo(=earth)+metr+y(=condition)> 기하학
perimeter[pərímitər] <peri(=around)+meter> 주변, 둘레, 경계선
symmetry[símətri] <sym(=together)+metr+y(=condition)> 좌우대칭, 균형, 조화

▶같은 듯 같지 않은 단어들

• constant[kánstənt] (어떤 일이나 상태가) 계속되는, 일정한

He kept in constant contact with his family while he was in Africa.
그는 아프리카에 있는 동안에도 가족과 꾸준히 연락했었다.

• continual[kəntínjuəl] (계속해서 반복되어서) 연속적인, 이어지는

She has endured house arrest and continual harassment by the police.
그녀는 가택연금과 계속되는 경찰의 괴롭힘을 참아냈다.

• continuous[kəntínjuəs] (중단 없이 이어져) 계속적인

My computer makes a continuous low buzzing noise.
내 컴퓨터는 계속해서 낮게 윙윙거리는 소리를 낸다.

14 Calculus

순간조차도 놓치기 싫어

calculus[kǽlkjələs]
① 계산법, 미적분법
② (의학) 치석, 결석
③ 상관관계 배역상태

수 체계, 진법

점차 지혜가 발달하게 되면서 인간은 나무 세 그루, 개 세 마리, 과자 세 봉지를 보면서 그것의 공통 요소, 즉 개체 수 셋에서 숫자 3을 도출할 수 있게 되었습니다. 그래서 어린아이조차도 손가락 세 개를 구부린다든지 또는 손바닥으로 세 번을 치며 숫자 3을 나타냅니다. 이렇게 인간은 양을 측정할 수 있게 되면서 무한한 숫자를 만들어 내었고 또한, 그 수를 표기하는 진법을 생각해 냈습니다.

진법 가운데 오늘날 가장 널리 쓰이는 것은 역시 10진법입니다. 인간이 갖고 있는 두 손의 손가락 모두를 사용하여 셈을 한 데서 비롯된 것이지요. 그런데 인간은 처음부터 10진법을 사용한 것은 아니고 2진법을 가장 먼저 사용한 것으로 알려져 있습니다. 또한 가장 먼저 상용화된 진법은 5진법입니다. 5진법은 한 손의 손가락을 사용한 것이겠지요.

2진법은 하나와 둘, 그 외의 것을 가리키는 단순한 진법 체계입니다. 하여 인간이 수를 사용하기 시작하면서 가장 먼저 나온 것이기는 하지만 실용화하는 데 문제가 있어 곧 사라졌을 것으로 추측됩니다. 그러나 2진법은 근대에 들어와 뉴턴Isaac Newton, 1642-1727과 라이프니츠Leibniz, 1646-1716에 의해 재조명되었고 이어 컴퓨터의 정보 처리에 응용되면서 과학 기술 분야에서 새롭게 주목받고 있습니다.

다음으로 오랜 역사를 자랑하는 것은 12진법입니다. 우선 농사를 짓는 데 정확한 시기를 알려주는 달력. 그 달력은 12진법에 근거하여 만들어진 것입니다. 또한 서구 사회에서 예전부터 사용해 온 도량형 또한 12진법에 따라 만들어진 것이지요. 이에 따라 1피트는 12인치, 1파운드는 12온스, 영국 옛 화폐 1실링은 12페니, 연필 1다스는 12자루인 것입니다.

또 60진법은 오늘날까지도 우리와 밀접한 관계를 맺고 있는 것인데 시간을 나타내는 수 체계가 바로 그것입니다. 천문학에 관심이 많았던 고대 바빌로니아인들에 의해 만들어진 것인데 그들은 해가 바뀌는 1년이 360일이라는 점, 그리고 이것을 쪼개어 계산하는 데 60진법이 편리하다는 사실을 알아내고 하루를 24시간, 1시간을 60분으로 나누어 놓았습니다.

이와 같은 수 체계는 모두 자연 현상을 관찰하여 얻어 낸 것인데 이에 따라 7진법, 그리고 오늘날 사용되지는 않지만 20진법도 사용했던 증거가 남아 있습니다. 7진법은 1주일을 계산하는 수 체계인데 이는 네 가지 모양으로 변하는 달을 관찰한 결과입니다. 달이 7일씩 간격으로 변해 가기 때문에 그에 따라 1주일을 7일로 계산하게 된 겁니다. 또한 20진법은 인간이 맨발로 다닐 때 손가락과 발가락을 모두 이용하여 계산했던 결과인 것이지요. 유럽의 켈트족과 중남미 대륙에 번성했던 마야문명 사람들이 20진법을 사용했었다는 증거가 있습니다.

10진법은 앞서 잠깐 언급한 대로 인간이 신체 부위 가운데 가장 많이 사용하는 손. 그 손에 달린 손가락이 10개인 것에 기인합니다. 고대 이집트, 중국, 바빌로니아 등에서 일찍이 10진법을 사용한 흔적이 남아 있습니다. 하지만 오늘날 전 세계적으로 10진법이 통용되게 된 것은 8세기경 활발하게 교역 활동을 벌였던 인도와 아랍인들 덕분입니다. 특히 산술 또는 기수법에 대하여 알고리즘algorism이란 용어를 쓴 알 화리즈미al-Khwarizmi, 780-850와 피보나치Leonardo Fibonacci, 1170-1240?의 공이 큽니다. 알 화리즈미는 10진법에서 자리를 지정하는 숫자로 0을 처음 사용한 사람이고 피보나치는 인도-아라비아 숫자 체계를 유럽에 소개한 인물입니다.

셈 조약돌에서 미적분으로

아무튼 이들 덕분에 우리는 편리한 숫자 체계를 사용하고 있습니다. 누구라도 어린아이일 적부터 손가락을 꼽아가며 덧셈 뺄셈을 하던 기억이 있을 겁니다. 이런데 이런 동작 자체가 그 어렵다고 하는 수학의 미적분학과 관련 있을 거라고 생각해 본 적은 결코 없을 겁니다. 그런데 손가락 속의 뼈를 구성하는 칼슘과 미적분학은 어원적으로는 깊이 연관되어 있습니다. 뿐만 아니라 셈을 하던 손가락을 가리키는 영어 어휘 digit은 digital과 같은 어휘에서 보듯이 숫자라는 의미도 갖고 있습니다.

원래 석회석limestone은 어패류 같은 해양 동물의 유해가 퇴적되어 생긴 암석으로 빌딩의 건축 자재로 많이 쓰입니다. 석회석을 가리키는 라틴어가 calx인데 그 소유격이 calcis입니다. 이것은 그리스어에서 석회석 자갈pebble을 뜻하는 khálix에서 온 어휘이지요. 그러니까 로마인들이 셈을 할 때 쓰던 조약돌을 calx, 작은 것을 calculus라고 했던 것은 쉽게 이해가 될 겁니다. 이와 같은 라틴어를 근거로 1808년 영국의 화학자 Sir Humphry Davy가 접미사 -ium을 붙여 calcium칼슘이란 어휘를 만들었습니다.

이 라틴어 어휘 calx가 8세기경 고대 영어에 유입되어 calc로 쓰였고 여기에 stone이 붙어서 복합어 calcston 또는 chalkstone^{하얀 석회, 백악}으로 사용되었습니다. 여기에서 파생된 chalk^{석회, 분필}는 고대영어 어휘 cealc/calc가 14세기 초엽 그러니까 중세영어 때 사용되기 시작하여 오늘날까지 이어진 것입니다.

그런데 2000년 전, 로마인들이 계산할 때 쓰던 석회 조약돌, calx와 calculus. 이것은 단순한 셈을 뜻하는 데 그치지 않았습니다. 그것은 무궁무진하게 뻗어나가 자연계의 현상들을 설명하는 데 있어서 무소불위의 해결사가 된 미적분까지도 포함하게 되었습니다.

수학 역사상 혁명적 발견이라고까지 일컬어지는 미적분학은 17세기 발표된 이래 오늘날까지 과학 기술 발전에 혁혁한 공을 세우게 됩니다. 미적분학은 모든 자연 현상을 설명해 줄 수 있는 것으로 알려지면서 천체의 움직임을 연구하는 천문학에서부터 물리학과 화학은 물론 동식물의 변화를 관찰하는 생물학에 이르기까지 모든 것을 수학적으로 규명할 수 있게 해 주었습니다.

미적분학이 나오기 전까지 수학은 그저 추상적인 논리를 다루거나 또는 정지되어 구분되어 있는 물체, 혹은 똑같은 비율로 움직이는 사물에 대한 계측 도구에 불과했었습니다. 그런데 미적분학은 기존 수학의 한계를 넘어 자연 현상에 대하여 정확하게 설명할 수 있는 획기적인 방법을 제시해 주었습니다. 다시 말하면, 미적분학은 자연 현상으로서 임의의 속도로 움직이며 변화하는 사물을 수학적으로 규명해 줄 수 있는 도구가 되었고 이것에 힘입어 과학은 눈부신 발전을 거듭하게 됩니다.

역사적으로 미적분학은 인간 중심의 철학이 태동하고 과학이 발전하기 시작하는 17세기에 처음 등장했습니다. 프랑스의 수학자 페르마^{Pierre de Fermat, 1601-1665}와 근대 철학자로 유명한 데카르트^{René Descartes, 1596-1650}에 의해서 처음 제기되었는데 그들은 그래프의 축과 같은 기준선 위에 두서넛의 숫자로 위치를 표시하는 좌표를 이용하면 기하학을 대수학 등식으로 요약할 수 있고 또 모든 등식은 그래프상의 곡선과 직선을 통하여 기하학적으로 나타낼 수 있다는 생각을 하게 되었는데 그것이 미적분학의 시작이었습니다.

이렇게 시작된 대수학과 기하학의 결합은 해석기하학이라는 새로운 영역을 개척하였고 그 결과 수학자들은 물체가 어떻게 움직이고 또 어떻게 변하는지를 분석하여 규명할 수 있게 되었습니다. 하지만 해석기하학은 맹점을 갖고 있었습니다. 말하자면 해석기하학은 물체가 일정한 시간에 얼마나 움직였는가는 알려줄 수 있지만 특정한 시점에서 어떤 속도로 움직였는지 또는 속도는 어떻게 변화했는지는 설명해 줄 수 없었습니다. 즉, 움직이는 물체에 대한 변화 비율이라든지 또는 변화의 양을 밝힐 수는 없었습니다.

예를 들어 어떤 물체를 떨어뜨려 보는 낙하 실험을 가정해 봅시다. 뉴턴의 법칙에 따르면 중력이 작용하기 때문에 물체가 아래로 떨어지면 질수록 가속도가 붙어 점점 빠르게 낙하한다는 설명이 가능합니다. 그러나 뉴턴의 법칙으로는 낙하하기 시작한 최초의 1초 동안, 또는 마지막 1초 동안에 물체가 얼마나 빠르게 떨어지는지를 알 수는 없습니다. 다만 땅에 도달할 때까지 걸린 총 낙하 시간과 낙하 거리를 알아내어 평균 속력은 계산할 수 있지요. 하지만 평균 속력은 평균일 뿐이지 떨어지기 시작한 초기 부분의 속력과 땅에 거의 도달할 즈음의 속력은 완전히 다를 텐데 그것을 알아낼 수는 없었습니다.

무소불위의 해결사, 미적분학

그런데 미적분학은 이러한 맹점을 가볍게 해결해 주었습니다. 접근을 바탕으로 극한이라는 개념을 이용해 특정 시점의 순간 속력을 측정할 수 있는 해법을 찾아낸 겁니다. 즉, 낙하 물체가 1초 후에 낙하한 위치를 기준으로 했을 때 떨어진 거리를 두 극한으로 잡아서 두 극한 사이의 평균 속력을 측정하면 순간 속력의 근사치를 구할 수 있습니다. 두 극한이 가까울수록 순간 속력의 근사치는 더욱 좁혀져 정확한 순간 속력이 나오겠지요.

이렇게 미적분학이 수학과 과학계에 있어서 전 방위적인 무소불위의 능력을 보이자 미적분학의 공로를 누구에게 돌릴 것인가를 두고 영국과 유럽 대륙 사이에 뜨거운 다툼이 벌어졌습니다. 이유인즉슨, 미적분학을 구체적으로 정립한 수학자가 영국의 뉴턴과 독일의 라이프니츠였는데 이를테면 미적분학의 발견은 뉴턴이 조금 앞섰지만 발표는 라이프니츠가 먼저 했기 때문이었습니다. 두 사람을 놓고 우열을 가리기는 어렵지만 표기법에서 라이프니츠의 표기가 훨씬 간결하기 때문에 라이프니츠의 판정승으로 보는 것이 관례처럼 되어 버렸습니다.

아무튼 미적분학은 과학 발전의 새로운 지평을 열었습니다. 운동 법칙과 중력 법칙, 전자기 이론이나 양자 이론, 상대성 이론, 빅뱅 이론이나 블랙홀에 관한 모든 이론은 미적분학이 없었다면 설명이 불가능한 것들입니다. 또한 미적분학은 이론뿐만 아니라 실제 기술 분야에서도 적용되어 자동차, 선박, 항공기의 운행은 물론 우주선의 비행 및 궤도 측정, 화학 반응의 속도, 생물체의 이동, 경제 현상의 변화, 병리학 관련 현상 등 현대 문명 속에 일어나는 모든 현상을 규명해 주고 또 그것을 기반으로 더욱 발전해 나가는 데 있어서 견인차 역할을 해 왔습니다. 미적분학, 그것은 변화하는 현상을 명확하게 설명할 수 있는 탁월한 수학적 도구이기 때문에 앞으로 그 가능성에 거는 기대 또한 크다고 할 수 있습니다.

ambi(=both, 양쪽의; around, 둘레에)

ambiance[æmbiəns] <ambi+i(re)(-to go)+ance(=state)> 주변 분위기, 환경
ambidexterous[æmbidékstərəs] <ambi+dexterous(=skillful)> 양손잡이의
ambiguous[æmbígjuəs] <ambi+gu(=to go)+ous(=having the quality of~)>
애매모호한
ambition[æmbíʃən] <ambi+tion(=condition caused by an action)> 야망, 야심
ambivalence[æmbívələns] <ambi+valence(=value)> 양면성, 양면가치, 유동성

▶같은 듯 같지 않은 단어들

• earn[əːrn] (일을 대가로 돈을) 벌다

This month's pay increase means that I'll be earning $30,000 a year.
이달 월급이 인상되었기 때문에 나는 연봉 30,000달러를 벌게 될 것이다.

• gain[gein] (평판, 권력 등을) 얻다, (이득이나 혜택을) 얻다

What do you hope to gain from the course?
너는 그 강좌에서 무엇을 얻고 싶으냐?

• win[win] (상금이나 내기 돈을) 받다, (존경이나 권력 등 바라는 것을) 얻다

This is the third medal she's won this season.
이것은 그녀가 이번 시즌에서 딴 세 번째 메달이다.

Necessity is the mother of invention.
궁하면 통한다.

15 Name

나는 나, 너는 너

[
name[neim]
① 이름, 명칭
② 명성, 평판
③ 유명인
④ 명목, 허명
⑤ 문중, 씨족명
]

사람을 부르는 이름

영어 사용자의 언어 관습 가운데 우리와 다른 것이 있습니다. 그 가운데 하나는 사람을 부르는 이름입니다. 영어 인명의 구성을 보면 우리와는 달리 성씨가 뒤에 위치하므로 그것을 라스트 네임last name, 또는 가족의 공동이름이므로 패밀리 네임family name이라고 부릅니다. 또는 써네임surname이라고도 하는데 이는 성씨를 이름보다 한 줄 위에 썼던 관습에서 유래된 것입니다. sur-는 상위라는 뜻이니까요. 또한 성씨는 신분이 높은 귀족들의 표식이었기 때문에 19세기까지는 존칭을 나타내는 sir를 써서 sirname 또는 sirename이라고도 했습니다.

인구가 적었던 시절에는 사람을 지칭하는 호칭에 별 문제가 없었습니다. 그러나 인구가 늘어나자 한 마을에 동명이인이 생겨났고 이들을 구별하기 위해 이름에 다른 말을 덧붙여야 했습니다. 그것이 바로 성씨가 생겨나게 된 배경입니다. 일례로 마을에 두 명의 Peter가 있다면 둘 중 한 사람은 Peter Armstrong팔 힘이 센 피터으로, 또 다른 한 사람은 Peter Hill언덕에 사는 피터로 구분해야 했습니다.

이렇게 생겨난 성씨가 영국에서 본격적으로 사용되기 시작한 것은 1066년의 노르만 정복 이후입니다. 알려진 바대로, 노르만 공작 윌리엄William, 1027-1087은 잉글랜드 정복 후, 세금을 거둬들이기 위하여 둠스데이북Domesday Book이라는 토지대장을 작성하게 했습니다. 그 과정에서 정확도를 높이기 위하여 거주민의 이름에 제2의 이름을 붙였는데 그것이 성씨의 사용을 촉진시키는 계기가 되었던 것이지요.

영어 사용자들의 성씨 유래

영어의 성씨는 우리와는 달리 지명, 별명, 가족관계, 직업 등에서 비롯된 것이 많습니다. 그 예를 하나씩 보면, 먼저 조상이 살았던 지명에서 유래된 성씨가 많은데 그 대표적인 예로는 포드Ford, 나루터, 부시Bush, 덤불, 모어Moore, 습지, 뉴턴Newton, 새로 생긴 마을, 노턴Norton, 북쪽 마을, 클린턴Clinton, 언덕 마을 등을 들 수 있습니다.

다음으로 신체의 특징이나 개성을 나타내는 별명에서 온 성씨가 있습니다. 예를 들면, 케네디Kennedy, 울퉁불퉁한 머리, 캐머런Cameron, 굽은 코, 브라운Brown, 갈색 머리, 러셀Russell, 빨강 머리 또는 붉은 얼굴, 스위프트Swift, 날렵한, 걸리버Gulliver, 많이 먹는, 두리틀Dolittle, 게으름뱅이, 롱펠로우Longfellow, 키다리, 하디Hardy, 용감한, 트루먼Truman, 성실한, 다윈Darwin, 친한 친구 등이 그것입니다.

또 영어의 성씨 중에는 부모나 조상의 이름에서 따온 것이 있습니다. Mc-, Mac-, O'-, Fitz-로 시작되는 성씨, 또는 -son, -sen, -ov 등으로 끝나는 성씨가 그것입니다. 이것은 모두 누구의 아들이라는 의미로서 예를 들면,

도날드의 아들인 맥도날드McDonald 같은 식입니다. 맥아더MacArthur, 오하라 O'Hara, 피츠제럴드Fitzgerald, 잭슨Jackson, 안데르센Andersen, 체호프Chekhov 등이 그 예라고 할 수 있습니다.

마지막으로 조상의 직업에서 유래된 성씨들이 있습니다. 그 가운데 우리나라의 김金씨처럼 압도적으로 많은 수를 차지하는 성씨가 있는데 바로 '내상상이'를 뜻하는 스미스Smith입니다. 그리고 그다음이 존스Jones와 존슨 Johnson인데 이에 비해서 스미스 성을 갖는 사람이 월등히 많습니다. 그것은 예로부터 농기구나 무기를 만들기 위하여 금속을 가공하는 일을 매우 중요시했다는 증거이기도 합니다. 독일의 슈미트Schmidt, 스웨덴의 스메드 Smed, 프랑스의 르페브르Lefevre와 파블Fabre, 이탈리아의 페라로Ferraro, 아일랜드의 고흐Gough와 같이 유럽 각국에 Smith의 변이형태가 산재하는 것이 그와 같은 사실을 방증하는 것입니다.

그 외에 밀러Miller, 제분제빵사, 테일러Taylor, 재봉사, 베이커Baker, 제빵사, 카펜터 Carpenter, 목수, 쿠퍼Cooper, 통 제조업자, 부처Butcher, 정육점 주인, 대처Thatcher, 지붕 수리공, 마셜Marshall, 장군, 채플린Chaplin, 목사, 카터Carter, 마부, 쿡Cook, 요리사 등이 직업에서 유래된 성씨입니다.

성씨는 그렇고 이번에는 이름을 보기로 하겠습니다. 영어 성명에서 이름은 성씨 앞에 위치하기 때문에 퍼스트 네임first name이라고 합니다. 또 크리스천 네임Christian name, 기븐 네임given name, 포네임forename 등으로 지칭되기도 하는데, 크리스천 네임이란 기독교도의 징표로서 세례명이며 또 기븐 네임이란 태어나면서 받은 이름이라는 의미입니다. 또한 포네임 forename의 fore-는 앞이라는 의미이므로 성명의 구성 요소 가운데 앞에 있는 요소라는 뜻입니다.

또한 이름과 성씨 사이에 또 하나의 이름, 즉 미들 네임middle name이 있는 경우가 있습니다. 그것은 사람들이 기독교 성인들의 가호를 염원하면서 그들의 이름을 가져다가 자신의 이름에 붙인데서 기인하였습니다. 고대 로마 귀족들은 개인명-씨족명-별명으로 이어지는 이름을 사용하기도 하였습니다. 가이우스 율리우스 카이자르Gaius Julius Caesar 같은 시저의 이름을 그 예로 들 수 있습니다. 그런데 16세기 종교개혁 시기에 이르자 성인의 이름을 지나치게 쓰는 것에 대한 논란이 일었고 그 이후 일반적으로 퍼스트 네임과 써네임의 두 요소만 쓰는 것으로 되었습니다. 미국인의 경우, 조지 워싱턴George Washington, 토마스 제퍼슨Thomas Jefferson 등과 같이 건국 초기에는 미들네임을 가진 사람들이 거의 없었습니다. 그러나 18세기 이후 미들네임을 갖고 있던 유럽 출신 이민자들이 대거 유입됨에 따라 미국인들도 존 에프 케네디John Fitzgerald Kennedy같이 미들네임을 갖는 사람들이 많아졌습니다.

영어 사용자들의 이름 유래

영어 이름에 관하여 흥미로운 것은 유사한 형태의 이름들이 유럽 여러 나라에 공존한다는 것입니다. 그것은 한때 유럽의 거의 대부분이 로마의 속주가 되면서 게다가 국교로 공인되었던 기독교의 영향 때문입니다. 주요 영어 이름의 출처와 유사 형태를 보면 다음과 같습니다. 먼저, 켈트와 게르만의 오랜 전통을 갖고 있는 이름입니다.

버나드Bernard, 힘 센 곰
버나드(영국), 베른하트(독일), 베르나르(프랑스), 베르나르도(스페인)
헨리Henry, 집안 어른
헨리(영국), 하인리히(독일), 앙리(프랑스), 엔리케(스페인)
찰스Charles, 남자
찰스(영국), 카알(독일), 샤를르(프랑스), 카를로스(스페인)

프란시스Francis, 프랑스 사람

프란시스(영국), 프란츠(독일), 프랑소와(프랑스), 프란시스코(스페인)

윌리엄William, 든든한 수호자

윌리엄(영국), 빌헬름(독일), 기욤(프랑스), 길레르모(스페인)

또 1066년 노르만 정복 이후, 잉글랜드와 유럽 내륙 사이에 빈번한 교류가 이루어짐에 따라 그리스어와 라틴어에 근원을 둔 이름들이 많이 생겨났습니다. 그것들을 앞서 예를 든 방식으로 열거해 보겠습니다.

조지George, 농부

조지(영국), 게오르그(독일), 조르주(프랑스), 호르헤(스페인), 조르지오(이탈리아), 유리(러시아)

피터Peter, 바위

피터(영국), 페터(독일), 피에르(프랑스), 페드로(스페인), 피에트로(이탈리아), 표트르(러시아)

캐서린Catherine, 순수

캐서린(영국), 카테리나(독일, 이탈리아), 카트린(프랑스), 카타리나(스페인), 예카테리나(러시아)

앤서니Anthony, 귀중한

앤서니(영국), 안토니우스(독일), 앙투안(프랑스), 안토니오(스페인, 이탈리아), 안토닌(러시아)

폴Paul, 왜소한

폴(영국), 파울(독일), 폴(프랑스), 파블로(스페인), 파올로(이탈리아), 파벨(러시아)

또한 성경 속 인물들을 흠모하였기 때문에 히브리어에 기원을 둔 그들의 이름 또한 인기가 있었습니다. 그 예를 들면 다음과 같습니다.

마이클Michael, 신과 같은

마이클(영국), 마이클(독일), 미셀(프랑스), 미겔(스페인), 미케레(이탈리아),
미하일(러시아)

조셉Joseph, 신이 주신

조셉(영국), 요제프(독일), 조지프(프랑스), 호세(스페인), 주세페(이탈리아),
이오시프(러시아)

존John, 신의 선물

존(영국), 요한(독일), 장(프랑스), 후안(스페인), 조반니(이탈리아), 이반(러시아)

엘리자베스Elizabeth, 신의 맹세

엘리자베스(영국, 독일, 프랑스), 이사벨라(스페인), 엘리자베타(이탈리아, 러시아)

메리Mary, 하늘의 별

메리(영국), 마리아(독일, 스페인, 이탈리아), 마리(프랑스), 마리예타(러시아)

우리의 경우도 그렇듯이 세월과 함께 영어 이름의 선호도 또한 변해왔
습니다. 하지만 기독교 신앙에 기초한 전통은 그대로 유지되었기 때문에
12세기 무렵부터 인기가 있었던 윌리엄, 존, 메리, 엘리자베스 등과 같은
이름들은 아직도 변함없는 인기를 유지하고 있습니다. 그것을 입증이라
도 하듯 영어문화권 남자화장실에서도 심심치 않게 존John을 만날 수 있
습니다. "Stand closer please. Your Honest John is not as long as you might
think." 한 발 더 가까이. 당신의 거시기는 생각만큼 그렇게 길지 않다는
뜻인데 존이 남성이름으로 흔한 이름이어서 애교 섞인 당부의 말에 이용
된 것으로 보입니다.

아무튼 인명으로만 보더라도 영어 사용자들은 우리와는 많이 다르다
는 것을 알 수 있습니다. 그들은 가문보다는 개인을 중시하기 때문에 성
씨를 보조 요소로 여겨 이름-성씨 순으로 쓴다는 것이지요. 이에 반해 우
리는 예전보다는 개인주의가 많이 팽배해 있다고는 하지만 아직까지도

가문을 앞세워 성씨-이름의 순서로 쓰고 있습니다. 사고방식과 생활 패턴이 점점 더 서구화되어 가고 있는 요즈음. 글쎄요, 언젠가는 우리도 이름-성씨 순으로 성명을 쓰는 날이 올지도 모르겠습니다.

nom(in)(=a name, 이름; to name, 명명하다)

denominate[dinámənèit] <de(=intensive)+nomin+ate(=to make)> 이름 붙이다,
　　　　　명명하다, 칭하다
ignominious[ìgnəmíniəs] <ig(=not)+nomin+ous(=having the quality of~)>
　　　　　수치스러운, 불명예스러운
nominate[námənèit] <nimin+ate(=to make)> 공천하다, 임명하다
renominate[ri:námənèit] <re(=again)+nomin+ate(=to make)> 재임명하다,
　　　　　재지명하다
renown[rináun] <re(=again)+nown(=name)> 명성, 명망, 유명세

▶같은 듯 같지 않은 단어들

• at present[æt prézənt] (앞으로 변할 가능성을 고려하여) 지금은

At present she's working abroad.
현재 그녀는 외국에서 근무하고 있습니다.

• now[nau] (기간 또는 특정한 시점을 나타내는) 지금은, 현재는

Hurry, now, or you'll miss the bus!
지금, 서둘러라, 그렇지 않으면 버스를 놓치게 된다.

• presently[prézəntli] (곧바로 다가올 것을 의미하는) 곧, 이내, 머지않아

I'll do it presently, after I've finished reading the paper.
신문을 다 읽고 나서 곧바로 그것을 하겠습니다.

CHAPTER 2

욕망은
또 다른 욕망을 낳고

16 Culture, 무에서 유로

17 Captain, 내 맘이야

18 Tenant, 여기라도 머물게 해 줘요

19 Salt and sugar, 필요악

20 Hamburger, 남의 살에 대한 욕망

21 Champagne, 상파뉴의 다른 호칭

22 Coffee, 악마의 유혹

23 Symposium, 와인 바의 모임

24 Circus, 공연용 둥근 무대

25 Animation, 살아 움직이는 그림

26 Ad lib, 마음대로 해 봐

27 Locomotive, 이동에 대한 동물적 욕망의 실현

28 Diamond, 여인들의 로망

29 Vaccination, 살기 위해 죽는 것

30 Canine, 사랑받기 위한 비루함

16 Culture

무에서 유로

culture[kʌltʃər]
① 문화, 정신문명
② 수양, 계도, 훈육
③ 교양, 세련
④ 재배, 경작
⑤ (세균의) 배양

오랜 역사의 성과물, 문화

문화는 인류가 오랜 세월 동안 학습을 통하여 이루어 놓은 정신적 성과뿐만 아니라 물질적 성과를 가리키는 말입니다. 문화를 의미하는 영어 어휘 culture는 15세기에 처음 등장하는데 당시 그것은 가축의 사육과 곡물의 재배를 뜻하는 말이었습니다. 이후 차차 추상적인 의미가 더해지며 16세기에는 몸과 마음을 갈고닦는 심신의 수련 같은 의미를 담게 되었고 19세기에 들어서야 비로소 교양 또는 문화라는 의미를 갖게 되었습니다.

culture의 기원은 영어의 조상 언어인 인도유럽어에서 찾아볼 수 있습니다. 인도유럽어의 quol-은 바퀴라는 뜻의 cycle이나 wheel과 관련지을 수 있는데 그것은 돌아다닌다는 의미를 갖습니다. 이것이 은유적으로 의미가 확장되어 바쁘게 움직인다는 뜻을 갖게 되는데 이후에 이것은 두 가지 의미로 나뉘게 됩니다. 하나는 일정한 장소에 거주하다는 뜻이고 또하나는 황야를 농지로 개간한다는 의미를 갖게 됩니다. 이러한 의미는 라틴어 colere에 전이되었고 그 결과 이 어휘는 거주하다, 경작하다, 숭배하다 등의 의미로 사용되게 됩니다.

이들 의미 가운데 거주한다는 뜻은 후에 colony집단서식, 식민지로 파생되었고 숭배의 의미는 cult추종, 숭배로 변모되어 나타났습니다. 땅을 갈아 개간한다는 의미는 중세 라틴어 cultivate에서, 그리고 교양과 문화라는 은유적 의미는 개간지, 일군 밭이라는 의미에서 확장되었는데 이것은 불어 culture에서 유래되었습니다.

땅을 갈아서 농지로 개간한다는 의미를 갖고 있어서 그럴 테지만, culture 앞에 밭이라는 의미를 갖는 라틴어 ager(agri)를 붙이면 agriculture, 즉 논밭을 갈아 곡식을 수확하는 농업이 됩니다. 알다시피 인류는 오랜 시간에 걸쳐 농사법을 개발하고 발전시켜 농업혁명을 이루어 낸 결과 오늘날과 같은 눈부신 현대 문명을 누릴 수 있게 된 것이지요.

고고학 연구에 따르면 약 1만 2천 년 전부터 인간은 땅을 일구고 야생 동물을 길들이기 시작했다고 합니다. 이것은 자연적 진화 과정에 인간이 개입하여 자신의 요구에 맞게 바꾸려는 시도를 하기 시작한 것이지요. 다시 말하면 인위적 선택을 통하여 자기에게 잘 맞는 동물을 길들여 번식시키고 필요한 식물을 기르기 시작했습니다.

문명화의 기반, 정착생활

이러한 인위적 선택은 인간으로 하여금 한곳에 정착 생활을 할 수 있게 해 주었습니다. 필요한 먹을거리를 한곳에서 재배하게 됨으로써 이곳저곳을 옮겨가지 않더라도 한곳에서 살 수 있게 된 겁니다. 사람들은 농지를 중심으로 집을 짓고 한곳에 모여 살게 되었고 이것은 곧 마을이 되었습니다. 마을이 커져 작은 소도시가 되고, 소도시는 다시 커져 대도시가 되었습니다. 이렇게 형성된 도시들이 결집하여 국가를 형성하였고 국가들이 모여 하나의 문명을 이루었습니다. 이른바 농사를 짓고 가축을 기르면서 정착민의 생활양식이 탄생하였고 그로 인하여 인구가 엄청나게 늘어나 주변 환경은 식량 생산에 맞도록 재편성되었습니다.

다시 말하면, 한곳에서 농사를 짓게 됨으로써 유목민처럼 아이들을 데리고 이동할 필요가 없어졌기 때문에 사람들은 인정적으로 아이들을 더 많이 낳아 키울 수 있게 되었습니다. 게다가 먹고 남은 식량을 곳간에 비축할 줄 알게 되면서 먹을거리 걱정이 줄어들었고 또한 마을이나 도시 주변에 거주함으로써 아이들을 돌봐 줄 사람도 많이 있어 아이를 많이 낳아 가족의 규모를 마음대로 늘릴 수 있게 되었습니다.

마을과 도시의 인구가 늘어나면서 농사를 짓지 않고 타인이 요구하는 것을 만들어 주는 사람들이 생겨났습니다. 이른바 장인이 등장하기 시작한 겁니다. 정착민들이 필요한 물건들, 예를 들면 농기구, 그릇, 옷과 같은 생활필수품은 물론 보석을 가공하여 귀걸이, 목걸이 등과 같은 장신구를 만들어 주는 숙련된 노동자가 탄생한 것입니다. 이들은 물건을 만드는 소재, 즉 구리, 청동, 철 등에 관한 연구와 그것을 다루는 솜씨를 개발하면서 생필품의 발달은 물론, 이 기술이 마차, 칼, 창, 갑옷, 투구 등 무기의 발달을 촉발시켰습니다.

또 상인이 출현하여 장인들이 만든 물건과 먹고 남은 농산물을 팔기 시작했습니다. 사고파는 행위는 사람들의 이동, 문자의 사용, 셈, 화폐의 사용을 의미하는 것이지요. 그리고 여러 차례 자연 재해를 당하면서 농사의 피해가 없기를 기원하고 또 마을과 도시에 나쁜 일이 생기지 않도록 계도하는 사람들이 생겨났는데 이러한 선지자들로 인하여 후에 종교가 탄생하게 되었습니다.

군집하여 살게 된 사람들의 규모가 커지면서 새로운 형태의 조직과 통제가 필요하게 되었습니다. 이에 따라 정착민의 무리를 통제하는 부족장,

왕 그리고 제국의 황제까지 등장했습니다. 이들과 함께 정착민들에게 세금을 거두어들이고 법을 공표하고 집행하는 관료, 그리고 통치자의 권력을 받쳐주고 나누어 갖는 귀족들이 생겨났습니다. 통치자는 자신이 갖고 있는 권력을 뒷받침하고 행사하는 수단으로 군대를 조직하고 유지하게 되었습니다. 이 모든 것이 가능하게 된 것은 바로 농사를 짓고 가축을 기를 수 있었기 때문이지요. 즉, 먹고 남을 정도로 농사를 짓고 잉여 곡식을 창고에 저장하여 그것으로 병사들을 먹이며 군대를 유지할 수 있게 되었기 때문입니다.

또 동물을 길들여 가축으로 키우는 방법을 알게 된 이후, 더 많은 가축을 사육하여 가축의 젖을 먹을거리로 활용하고 때로는 가축을 잡아서 육식을 하기도 하였지요. 또 가축의 힘을 이용하여 수레를 끌게 하였고 또 마차 또는 전차 같은 전투용 무기에 가축을 활용하기도 했습니다. 농사 기술의 발달로 인하여 먹을거리를 더 많이 저장할 수 있게 되면서 그것을 약탈하기 위해 사람들은 인근 부족, 도시, 국가를 쳐들어가게 됩니다. 전쟁이라는 행위가 시작된 것이지요. 그러나 이웃 간의 전쟁은 흩어져 있던 도시를 통합하게 되고 도시 문화를 전파시켜 고대 문명을 발생시키는 의외의 결과를 초래하게 됩니다.

문명화의 기반이 되었던 도시. 이와 같은 도시를 가리키는 라틴어는 urbs로서 영어 어휘 urban은 그것으로부터 파생된 겁니다. 좀 더 살펴보면, 라틴어 civis는 시민citizen이라는 뜻이며 그 파생어 civitas=citizenship는 시민권이라는 뜻입니다. 이로부터 시작하여 civilize교화하다, 문명화하다와 civilian 민간인, 일반인은 라틴어 어원이 전해져 불어를 거쳐 오늘날까지 이어진 어휘입니다. 보통 도시의 규모에 관계없이 citet, cité라는 낱말이 사용되었는데 중세시대 초기에 들어서면서 성당이 있는 도시, 또는 왕의 칙허장이 있는 도시라는 의미를 띠게 되었습니다. 그에 따라 city와 그렇지 못한 town을 구별하게 된 것이지요. 또한 라틴어 civis로부터 두 개의 형용사가 갈라져 나왔는데, 그것이 바로 civicus와 civilis입니다. civicus는 오늘날 civic도시의, 도시 같은으로 되었고 civilis는 civil예의 바른, 시민다운로 바뀌어 사용되고 있습니다.

culture와 어원은 같으나 추종, 숭배, 이단 등의 의미를 갖고 있는 어휘가 있습니다. 다름 아닌 cult인데 cult는 원래 전통에서 유래되는 세련된 문명이라는 긍정적인 의미였으나 나중에 비밀스럽고 악마적인 것을 암시하는 부정적인 의미로 변용되었습니다.

17세기에 들어 cult는 광신적 숭배를 가리키는 낱말로 사용되기 시작하였고 19세기까지도 원시적 종교 의식에 관련된 이미지를 담고 있었습니다. 그러다가 20세기 중반에 이르러서 cult는 기존의 틀을 벗어나 반체제라는 말로 지칭되는 조직체, 그것들을 가리키는 어휘로 사용되게 되었지요. 그것도 그들을 폄하하는 데 주로 사용됩니다.

문명사회 건설의 근원적 기반, 사회적 검증

아무튼 오늘날 우리가 누리고 있는 문명은 인간이 정착 생활을 한 이후 발전시켜온 성과물입니다. 한곳에 정착하여 농사를 짓기 시작하면서 무리를 이루어 살기 시작했고 그 후 도시를 형성하고 문명을 일구어 낸 것입니다. 다시 말하면 농사를 짓는 공동 작업과 짜임새 있는 도시 생활은 사람들로 하여금 자신이 속해 있는 사회적 관습을 따르게 하여 사회화하도록 만듭니다.

그런데 이와 같은 사회화는 무의적으로 타인들의 결정이 옳다고 믿게되어 무조건 타인의 행동을 따라하게 만듭니다. 예를 들면, 유명인사가 연설을 하는 도중 누군가가 박수를 치면 모두들 따라 박수를 칩니다. 또

누군가가 무단으로 길을 건너면 횡단보도를 찾아 가던 사람들도 그 사람을 따라서 무단 횡단을 합니다.

이른바 사회적 검증social proof이라는 것인데 사회적 검증은 타인이 행동하는 것과 똑같이 행동해야 그것이 옳은 것이라고 믿는 것을 말합니다. 또 더 나아가 어떤 의견에 옳다고 생각하는 사람들이 많으면 많을수록 그 생각은 맞는 것으로 확신하는 것이지요. 하지만 이런 믿음은 근거 없는 것입니다. 이와 같은 사회적 검증 현상은 일시적인 패션 유행, 취미 활동의 유행에서 쉽게 발견할 수 있습니다.

그렇다면 왜 이와 같은 사회적 검증 현상이 일어날까요. 진화심리학자들에 따르면 그것은 지난 5천 년에 걸쳐서 인간이 진화를 거듭해오는 동안 생겨난 것이라고 합니다. 예를 들어 아주 오랜 옛날, 평원에서 살아가던 우리 조상들이 수렵채취 활동이나 사냥을 하고 있던 중에 어떤 사람이 겁에 질린 표정으로 황급히 도망가는 광경을 목격합니다. 그러면 그를 따라 모두들 내달려서 안전한 곳으로 피해 가야 했습니다. 보나마나 맹수에게 쫓기는 것이었을 테니까요. 그 맹수가 무엇인지는 상관없습니다. 우선 도망가는 그 사람을 믿고 그 사람이 하는 대로 도망쳐야 합니다. 그 맹수가 무엇일까 보기 위해 그 자리에 서 있던 사람은 아마도 후대에 유전자를 전하지 못했을 것이고 그런 유형의 사람들은 진화 과정에서 더 이상 생겨나지 않았겠지요.

어찌 되었건 오랜 세월을 거치며 우리들은 타인의 행동을 무의식적으로 따라 하게 되었습니다. 진화 과정을 거치며 적자생존의 유전자 탓에 인간이 타인과 교류하며 의존하는 사회적 동물이 된 것인지 아니면 영장류 자체가 원래 사회적 동물이어서 우리가 타인에 의존하는 것인지, 이것 또한 닭이 먼저인지 알이 먼저인지와 똑같은 논쟁일까요.

cult(ure)(=cultivation, 경작, 재배; to toll, 경작하다;
to worship, 숭배하다)

agriculture[ǽgrikʌ́ltʃər] <agi(=field)+culture> 농업, 농학
apiculture[éipəkʌ́ltʃər] <api(=bee)+culture> 양봉, 꿀벌 사육
cult[kʌlt] 예배, 숭배(의), 종파, 유행
cultivation[kʌ̀ltəvéiʃən] <cultiv+ate(=to make)+ion(=action)> 경작, 재배,
사육, 교화, 수련, 촉진
horticulture[hɔ́ːrtəkʌ́ltʃər] <horti(=garden)+culture> 원예, 원예농업

▶같은 듯 같지 않은 단어들

• country[kʌ́ntri] (지정학적 개념으로 독립된) 국가, 나라

Which is the largest country in Asia?
아시아에서 제일 큰 나라는 어디인가?

• nation[néiʃən] (정치 조직 그리고 사회 면에서 체제를 갖춘) 국가,
(그 국가의) 국민

The President holds dominion over the people of his nation.
대통령은 그 나라 국민들에 대하여 통치권을 갖는다.

• state[steit] (정치 조직 및 체제상 정의된) 국가

The drought is worst in the central Europe states.
중부 유럽의 국가에 있어서는 최악의 가뭄이었다.

As one sows, so shall he reap.
뿌린 대로 거둔다.

17 Captain

내 맘이야

> captain [kǽptin]
> ① 장, 우두머리, 지도자
> ② 선장, 기장
> ③ 대위, 대경
> ④ 감독, 단장
> ⑤ (팀의) 주장

뭐든 내 맘대로 할 수 있다는 통제 환상

a head of cabbage는 양배추 한 통이라는 의미입니다. 그런데 유럽 언어에 좀 관심이 있는 사람이면 '머리의 머리'라는 의미를 떠올리며 말장난의 뉘앙스를 느낄지도 모르겠습니다. 왜냐하면 cabbage는 머리의 뜻을 지닌 라틴어 caput에서 유래된 어휘이기 때문이지요. 라틴어 caput는 그 후에 불어 caboche가 되었고 이것이 중세 영어에 들어와 cabache의 형태로 사용되다가 오늘날 cabbage로 이어지고 있습니다. 이러는 동안 머리라는 의미가 양배추, 양배추 머리통으로 바뀐 것입니다.

또 라틴어 caput의 형용사 capitalis는 머리와 관련된 의미, 그러니까 뭔가 중요한 것이라는 의미를 지닌 채 영어에 유입되면서 capital의 형태로 쓰이게 됩니다. 으뜸가는 도시인 수도 capital city, 문장의 첫 글자로 사용되는 대문자 capital letter, 머리를 잘리는 극형 capital punishment, 기본이 되는 밑천 capital fund 등 머리와 관련되며 중요한 의미를 띠는 많은 표현에 capital이 사용되고 있습니다. 이 밖에도 머리와 관련된 어휘로서 머리에 쓰는 모자 cap, 그리고 인간관계에서 우위를 점하고 아랫사람에게 명령을 하는 captain^{주장, 대장} 즉, 무리의 우두머리가 있습니다. 명령을 내리는 머리와 그것에 따르는 손발. 그래서 그런지 너무나 잘 발달된 두뇌를 머릿속에 갖고 있는 우리는 주위에 있는 무엇이든 자신의 뜻에 따라 좌지우지하려고 합니다. 그러면서 무의식적으로 그것이 가능하다고 믿고 있는데 그것을 심리학에서는 통제의 환상illusion of control이라고 합니다.

통제의 환상이란 현실적으로 아무런 권한이 없는 무언가에 대하여 자신이 통제할 수 있다거나 영향을 미칠 수 있다고 믿는 것을 말합니다. 예를 들면 축구 경기를 보고 있는 관중의 다수는 경기를 보면서 아쉬운 마음에 자신들이 직접 공을 차는 것처럼 손발을 마구 휘젓습니다. 또 카지노에서 게임을 하는 사람들 대부분은 높은 숫자를 원할 때 주사위를 세게 던지고 반대로 낮은 숫자가 나와야 할 때는 주사위를 살짝 던지는 것으로 조사되었습니다. 사실 결과는 그런 행동과 아무 상관이 없는데 말입니다.

이와 같은 통제의 환상에 관한 실험은 1965년 젠킨스H. H. Jenkins와 워드W. C. Ward에 의해서 이루어졌는데 그들은 방에 스위치 2개를 달아 놓고 전등을 켜고 끄는 실험을 했습니다. 실험을 진행해 보니 실험 참가자들은 전등에 불이 들어오지 않으면 더 강하게 온on 스위치를 눌렀습니다. 마찬가지로 불이 꺼지지 않을 때도 오프off 스위치를 강하게 눌렀습니다. 그리고 실험 참가자의 동작과 관계없이 우연히 전등이 켜지거나 꺼지는 경우에도 자신들이 스위치를 눌렀기 때문에 그것으로 인해서 전등이 켜지고 꺼지는 것이라고 확신하는 경향이 있었습니다.

또 다른 심리학자는 두 실험실에 실험 참가자를 들여보내고 점점 커지는 소음을 어디까지 견디는지 실험을 해 보았습니다. 두 실험실의 모양과 면적까지 똑같았지만 딱 한 가지 다른 것은 한쪽 실험실에는 소음을 줄이는 스위치를 달아놓았습니다. 그런데 이것은 작동하지 않는 가짜 스위치였습니다. 실험 결과, 가짜 스위치가 있는 방의 실험 참가자들이 소음을 더 잘 견뎌 낸 것으로 나타났습니다. 통제할 수 있다는 환상이 고통을 참게 만든 것이지요.

이렇게 사람들은 통제의 환상을 갖고 있기 때문에 다중 시설 관리자들은 그것을 역이용합니다. 예를 들면, 대도시 횡단보도에는 신호등을 작동하는 버튼을 달아 놓습니다. 길을 건너려는 사람들은 버튼을 누르고 기다리라는 것이지요. 그런데 작동하지 않는 버튼이 많습니다. 그렇다면 왜 버튼을 설치해 놓은 것일까요. 이렇게 해서라도 보행자들 자신이 신호등을 조절할 수 있다고 믿게 만드는 것입니다. 그런데 실제로 버튼을 달아 놓은 지역의 사람들이 신호등 앞에서 더 잘 참는 것으로 나타났습니다. 이러한 통제의 환상 때문에 엘리베이터의 닫힘 버튼, 대형 사무실의 온도 조절기 등이 설치되어 있는 것입니다.

우월한 주인, 천박한 하인의 주종관계

무릇 사람이 통제하고 싶은 것이 주변의 사물뿐이겠습니까. 자신의 말을 들어주고 이해해 줄 수 있는 맞상대가 사람일 경우, 더더욱 자기 마음대로 좌지우지하고 싶어지는 것은 너무나 당연한 일입니다. 하지만 지금은 평등사회이니 이해관계에 따라 어느 정도 상대방을 움직일 수 있는 것이 고작일 겁니다.

그러나 신분이 엄격히 정해져 있던 계급사회에서는 달랐습니다. 지시를 내리는 주인과 그것을 무조건 따르는 하인. 주인의 입장에서는 통제의 환상이 아니라 완전 통제가 이루어지는 것이지요. 힘의 역학관계에 기반을 둔 주종관계이니 당연한 것 아니겠습니까. 좀 더 구체적으로 생각해 보겠습니다.

우선, 주인의 우월성은 힘을 뒷받침하는 물질적인 면에서 드러납니다. 주인은 축적된 재산을 바탕으로 좋은 옷과 좋은 음식, 그리고 좋은 집에서 윤택한 삶을 누립니다. 이에 비해 하인은 물질적 열세 속에 열악한 환경에서 근근이 삶을 이어갑니다. 그러다 보니 영혼마저 척박해지고 그 결과 천박한 노예근성을 갖게 되지요. 이 천박함을 핑계로 주인은 거리낌 없이 아주 당연하게 그들의 상하관계를 합리화하게 됩니다.

이러한 관계는 동서양을 막론하고 보편적인 것이어서 그 예를 쉽게 찾아볼 수 있습니다. 우선 고대시대 스토아학파 철학자였던 에픽테토스Epictetos, 55?-135?는 원래 노예 신분이었는데 네로 황제가 그를 해방시켜주었습니다. 그런데 노예로 있던 시절의 우습지만 씁쓸한 느낌이 드는 일화가 있습니다. 어느 날, 그의 주인이 그의 한쪽 다리를 형틀에다 묶자 에픽테토스가 걱정스러워 하면서 이렇게 말했다지요. "주인님! 이러다가 주인님께서 제 다리를 부러뜨리시겠습니다!" 그런데 정말로 다리가 부러지자 그는 또 이렇게 말했다고 합니다. "제가 그럴 거라고 말씀드리지 않았습니까?"

에픽테토스보다는 조금 더 나아진 주종관계는 세르반테스Miguel de Cervantes Saavedra, 1547-1616의 소설에 나오는 돈키호테와 산초 판자입니다. 산초 판자는 광기 어린 주인 돈키호테의 행실에 비하면 상대적으로 정도가 약해서 그런지는 몰라도 정상적으로 보이는 하인입니다. 그래서 순박하기도 하지만 교활하기도 하고 또 주인을 위해 헌신적이기도 하지만 이기적인 면도 있습니다. 산초 판자는 미치광이 같은 주인을 보호해야 한다는 하인으로서 돈키호테를 따라 다니지만 결국은 조금씩 동화되어 가면서 주인과 비슷한 사람이 되어 갑니다.

근대적인 주종관계는 바로 『로빈슨 크루소의 모험』에 나오는 주인공 로빈슨 크루소와 그가 구해 주었던 프라이데이의 관계입니다. 『로빈슨 크루소의 모험』은 스코틀랜드 출신의 소설가 다니엘 디포Daniel Defoe, 1660-1731 가 1719년에 발표한 유명한 소설이지요. 자신을 구해준 생명의 은인에 대한 무한 보답 차원에서 프라이데이는 로빈슨 크루소를 섬기게 됩니다. 프라이데이는 전형적인 하인의 성품을 가졌지만 어느 정도 인격체를 가진 인간으로서 주인과 인간관계를 형성합니다. 후에 로빈슨 크루소는 절 내석이라고 생각하는 자신의 송교와 분명을 프라이데이에게 전수해 주려고 시도합니다. 이들의 관계는 전근대적인 계급적 관계를 탈피한 인간관계라고 할 수 있습니다.

절대적 주종관계의 전형, 사무라이

그러나 뭐니 뭐니 해도 전근대적인 확실한 상명하복, 그 주종관계의 전형은 일본 봉건사회를 지탱했던 영주와 사무라이의 관계가 아닐까요. 사무라이, 그들을 생각하면 충성, 희생, 예의, 결백 등의 낱말이 떠오르지만 무엇보다 명예가 그들이 지켜야 할 최우선 덕목이었습니다. 그에 따라 그들만의 철칙인 무사도가 생겨났는데 그것의 극치가 이른바 하가쿠레葉隱 정신이라는 것입니다. 긴 칼을 허리춤에 차고 다니는 그들이 만들어 낸 규칙은 여러 가지가 있는데 그중 하나가 바로 좌측통행입니다. 사무라이들은 칼이 서로 부딪치는 것을 상대에 대한 선전포고로 간주하기 때문에 길을 다닐 때 왼쪽으로 붙어 다닙니다. 그래야 실수로 상대의 칼과 마주치는 것을 피할 수 있다는 것이지요. 이렇게 하여 좌측통행이 그들의 예절로 굳어졌는데 이것이 후대에 전해져 오늘날까지 이어져 오고 있습니다.

그러한 사무라이와 그들이 모시는 주군 사이의 관계를 너무나 잘 보여주는 일본 고전이 있습니다. 연극으로도 끊임없이 상연되었고 또 롱런 베스트셀러이기도 한『주신주라』인데 그 내용을 소개하면 다음과 같습니다.

에도에 있는 미가와국(지금의 아이치 현에 위치) 영주 기라 요시나카의 대저택에 하얀 눈이 내리던 1702년 12월 14일, 밤이 깊어지자 야음을 틈타 47명의 사무라이들이 영내로 침입한다. 그들은 삼엄한 경비를 뚫고 본채에 들어가 영주인 기라의 목을 베어 센가쿠지라는 절 경내에 있는 묘 앞에 바친다.

그곳은 바로 일 년 전 할복 자결한 아사노 나가노라, 바로 기라의 목을 베어 온 사무라이들의 주군이 묻혀 있는 묘지였다. 묘지에 누워 있는 아사노는 기라로부터 당한 모욕을 갚고자 기라를 살해하려고 했지만 실패했었다. 그런데 이 사건의 전모를 알게 된 쇼군은 자신의 거처에서 일어난 칼부림에 대하여 그냥 넘어갈 수는 없어서 일벌백계의 명분을 내걸고 아사노에게 할복하라는 지시를 내렸었던 것이다.

자신들의 주군을 잃게 된 사무라이들. 그들은 충성 맹세에 따라 주군의 원수를 갚아 주기로 결심했다. 1년의 준비 끝에 거사를 결행하여 뜻을 이룬 후, 그들은 막부의 처분을 기다렸다. 막부는 이런 일이 또다시 발생할 것을 염려하여 그들을 처형하려 했으나 무사도를 따랐던 그들의 충성심을 가상히 여겨 명예롭게 할복하고 그들의 주군 옆에 묻히게 해 주었다.

일본 역사에 실제로 있었던 사건을 소재로 한 이 이야기는 일본인들에게 과거는 물론 현재까지도 엄청난 사랑을 받고 있습니다. 주인에 대한 무조건적인 충성, 주인을 위해서라면 자신의 목숨도 초개와 같이 버리는 희생정신, 하나의 목표를 위해 서로 단결하는 동지애. 이런 것에 열광하는 이유는 다름 아닌 현대 사회를 살아가는 우리가 잃어버린 그것, 놓치고 있는 그것에 대한 향수 때문이 아닐까요.

cap(it), caput(=head, 머리, 우두머리; headland, 곶)

achieve[ətʃíːvmənt] <a(=to)+chieve(=to hold)> 성취하다, 달성하다
capitalism[kǽpitəlìzəm] <capit+al(=relating to~)+ism(=specific doctrine)>
　　　　　　　　　　　 자본주의
captain[kǽptin] <cap+tain(=to hold)> 선장, 우두머리, 통솔하다
decapitate[dikǽpətèit] <de(=off)+capit+ate(=to make)> 참수하다, 목을 베다
precipitation[prisìpətéiʃən] <pre(=before)+cipit+ate(=to make)+ion(=condition)>
　　　　　　　　　　　 투하, 추락, 강수, 침전, 조급

▶같은 듯 갖지 않은 단어들

• ability[əbíləti] (지식이나 기술적인 면을 고려해 볼 때 수행할 수 있는)
　　　　　　　능력

He has the ability to summarize an argument in a few words.
그는 논의 내용을 몇 마디 말로 요약해 내는 능력을 갖고 있다.

• capability[keipəbíləti] (일을 잘해 낼 수 있는, 감당할 수 있는) 역량,
　　　　　　　　　능력

These tests are beyond the capability of an average high school student.
이 시험들은 보통 고등학교 학생의 능력을 넘어선 것이다.

• capacity[kəpǽsəti] (일을 할 수 있는 재능, 용량이나 잠재적인 면을
　　　　　　　고려한) 능력

The stadium has a seating capacity of 20,000.
그 경기장은 2만 명을 수용할 수 있다.

One man sows and another man reaps.
재주는 곰이 넘고 돈은 되놈이 번다.

18 Tenant

여기라도 머물게 해 줘요

[
tenant[ténənt]
① 소작인, 임차인
② 점유자
③ 부동산 보유지
]

농경지에 묶여 버린 카인의 후예들

인간의 역사 가운데 한 단면은 유목민과 정착민의 끊임없는 갈등과 분쟁으로 점철되어 있다고 할 수 있습니다. 이것은 고대와 중세 봉건시대를 거치며 땅을 기반으로 하여 생활하는 방식을 놓고 끊임없이 대립하는 과정으로 볼 수 있습니다. 그것에 대한 기록은 성경에서도 찾아볼 수 있습니다.

구약성서에 따르면 카인은 자기 집을 담으로 둘러싸고 밭에는 울타리를 친 정착민이었습니다. 반면에 아벨은 주인도 없고 울타리도 없는 초원에서 양과 염소를 몰고 다니는 유목민이었지요. 이 형제의 충돌은 불가피한 것이었습니다. 아벨의 양과 염소들이 카인의 농경지 안으로 들어와 농작물을 엉망으로 만들어 놓기 일쑤였습니다. 카인은 그때마다 화를 냈고 그것이 쌓이면서 갈등을 빚어 결국 아벨을 죽음으로 몰고 갑니다.

야훼는 이에 격노하여 카인에게 가장 고통스러운 벌을 내렸습니다. 그

벌은 정착지를 떠나라는 것이었습니다. 편안하게 안주하고자 정착한 정착민에게 정처 없이 떠도는 유목민이 되라고 한 것입니다. 어쩔 수 없이 자신의 피땀이 어린 과수원과 채소밭을 떠나기는 했지만 카인은 멀리 가지 못했습니다. 그는 곧바로 다시 정착하여 에녹이라는 역사상 최초의 도시를 건설하게 되지요. 건축을 하는 도시민으로 다시 정착한 것입니다.

이와 같은 성경 속 이야기에서 보듯이, 누구나 이미 체득한 본성을 쉽게 바꾸지는 못합니다. 아주 오랜 옛날 그때그때 장소를 옮겨가며 수렵과 채취를 하던 인간은 지혜가 발달하면서 점차 한곳에 정착하게 됩니다. 땅을 갈아서 먹을거리를 얻는 방법을 터득하고 또 먹고 남은 것을 저장해 두는 법을 알아냈습니다. 이렇게 하여 한곳에 머무르며 안정된 생활을 하는 데에 길들여지자 인간은 이동하지 않고 아예 정착지에 매여 살게 되었습니다. 이렇게 농지에 묶여 먹을 것을 비축하며 살게 된 카인의 후예들은 약탈을 일삼는 정복자들에게 좋은 목표물이 되었습니다. 정착 생활을 벗어나지 못하는 습성 때문에 정복자의 노예로 전락되는 신세가 되어 버린 것이지요.

이미 고대 로마에는 노예들이 많이 있었고 노예 매매 또한 성행했었습니다. 왜냐하면 로마제국은 피정복민들을 모두 노예로 삼았기 때문에 로마 인구의 25%가 노예일 정도로 그 수는 많았습니다. 그렇기 때문에 로마 역사에는 노예가 심심치 않게 등장하는데 노예를 이끌고 반란을 일으켰던 스파르타쿠스Spartacu도 또한 노예였습니다. 그 시대 철학의 주류였던 스토아학파는 노예 학대를 맹렬히 비난했고 요하네스 크리소스토무스Johannes Chrysostomus와 같은 초기 기독교인들은 노예라는 개념 자체를 비난하면서 자신이 데리고 있던 노예를 풀어주자 그를 따라 노예를 해방시켜 주는 것이 한때 유행되기도 했습니다.

하지만 로마가 멸망하자 노예 신분이었던 사람들은 중세 봉건제하에서 농노가 됩니다. 신분상으로 농노는 자유를 완전히 구속받지는 않기 때문에 노예보다는 낮지만 일평생 봉건 영주가 다스리는 농지에 묶여 영주와 기사들에게 지배받는 신세였습니다. 이들 가운데는 노예와 다름없는 신분의 사람들이 있었는데 특히 슬라브족 중에 많았다고 합니다. 그래서 노예라는 영어 단어 slave에 그런 사실이 반영된 것이지요.

과거 많은 슬라브인들은 정복당한 상태에서 포로가 되고 노예로 팔리는 경우가 많았는데 이런 신분의 사람들을 지칭하는 말이 고대 슬라브어 Sloveninu이었습니다. 이것이 변형되어 그리스어 Sklábos가 되었고 이것이 다시 중세 라틴어 Sclavus로 바뀌면서 노예를 뜻하는 말이 되었습니다. 이것은 다시 고대 불어 esclave로 되었다가 1300년경 영어에 sclave로 유입되어 노예를 가리키는 낱말로 사용되었습니다. 이것이 14세기 후반 slave의 형태로 바뀌어 사용되기 시작했던 겁니다.

중세로 들어가는 10세기와 11세기쯤, 영국의 남서쪽에 위치한 항구도시 브리스톨Bristol은 노예 매매로 인하여 번영을 누렸습니다. 그 당시 노예를 팔고 사는 상인들은 바이킹족이었고 매매되는 노예는 브리튼인이었습니다. 무리를 지어 벌이는 전투력이 뛰어났던 바이킹들은 잉글랜드 해안을 약탈하며 힘없는 브리튼인들을 잡아다가 노예로 팔아 이득을 챙겼습니다. 이와 같은 노예 거래를 중단시킨 사람은 12세기 초 노르만인으로 잉글랜드 정복에 성공하여 정복왕 별명을 얻은 윌리엄 1세였습니다. 그는 1102년 노예 매매를 금지하는 칙령을 반포하고 사람을 짐승처럼 팔고 사는 수치스러운 매매 관행을 중단시켰던 것입니다.

아무튼 노예 신분에서 벗어나 조금은 자유스러워졌지만 농노의 삶은 팍팍했습니다. 척박한 땅을 일구어 힘들게 농사를 지어봤자 영주와 기사 계급에게 수탈당하고 남는 것이 별로 없어 궁핍한 생활을 면치 못했습니다. 이러한 형국은 중세를 거쳐 근대로 넘어가면서 지주와 소작농의 관계로 이어집니다.

가난한 소작농의 대명사, 왕룽

땅을 일구어 겨우겨우 연명하는 가난한 소작농. 가난을 운명처럼 알고 살아가는 소작농. 한 소작농이 우여곡절 끝에 지주까지 되는 삶을 조명하면서 아울러 토지에 묶여 있는 봉건적 윤리를 잘 보여 주는 소설이 있습니다. 왕룽과 그의 아내 오란이 펼쳐가는 소설 『대지』인데 이 소설로 펄 벅Pearl Sydenstricker Buck, 1892-1973 여사는 퓰리처상과 노벨문학상을 받았습니다.

소설 『대지』는 근대화로 혼란을 겪고 있던 1930년대의 중국을 배경으로 삼고 있습니다. 가난한 소작농이었던 왕룽은 황부잣집 하녀 오란을 신부로 맞이합니다. 그렇게 맺어진 가난한 왕룽과 오란이 거칠게 휘몰아치는 세파를 이겨내고 마침내 오매불망 그리던 토지를 소유하게 됩니다. 왕룽은 임종할 때까지도 토지에 대한 애착을 버리지 못합니다.

어떤 소리가 그의 가슴속으로부터 울려나왔다.
사랑보다 더 절실한 토지에 대한 애착이 부르짖는 소리였다.
그는 그의 생애에서 그 어떤 소리보다도 더 높은 소리를 들었다.

현대판 엑소더스, 분노의 포도

살던 곳으로부터 추방! 성경에 나오는 오래된 사건. 이것은 카인의 후예들에게 또다시 반복되었습니다. 1930년대 미국 중서부에 끝없이 펼쳐진 대평원에는 원래 밀을 재배하고 있었습니다. 밀은 지력을 많이 소비하는 곡물이라 적절히 땅을 쉬게 하며 돌려짓기를 해야 합니다. 그런데 쉬지 않고 계속하여 밀을 재배하다 보니 지력이 소진된 오클라호마 주 평원에는 더 이상 식물이 살 수 없게 되었습니다. 이른바 건조지역the dust bowl으로 변한 겁니다. 불어오는 바람에 의해 먼지 폭풍이 몰아치자 그 일대는 사람조차 살기 힘든 황무지로 변해 버렸습니다.

농사를 지을 수 없게 된 농민들은 알 수 없이 그곳을 떠날 수밖에 없었습니다. 가족들을 데리고 살던 곳을 떠나 캘리포니아로 향하는 대열은 꼬리에 꼬리를 물고 이어졌습니다. 4년 동안 30만 명이 이주했다고 하니 그 실상을 가히 짐작할 수 있습니다. 이러한 사실을 소재로 존 스타인벡John Steinbeck, 1902-1968은 1939년 『분노의 포도』라는 소설을 발표하였습니다. 그가 노벨문학상과 퓰리처상을 받으면서 그의 작품은 더욱더 세간을 주목을 끌었습니다. 소설의 내용은 두 가족이 이주하는 모습을 그려나간 것인데 마치 이것을 압축해 놓은 듯한 시가 있습니다. 우선 시를 볼까요.

불타는 눈동자를 가진 예언자의 부족이 어제 길을 떠났다.
어린아이들을 등에 업고, 그들의 당당한 식욕을 위해선
언제라도 젖을 낼 준비를 마친 늘어진 젖퉁이들의
보물을 마련한 채.

남자들은 번쩍거리는 무기 아래에서 마차를 따라 걷는다.
마차 안에는 그들의 가족들이 웅크리고 있다.
남자들은 이따금 눈을 들어 하늘을 바라본다.
부재하는 환상에 대한 막막한 그리움 때문에 무거워진 눈길로.

귀뚜라미가 작은 모래집 구석에서 그들이 지나가는 것을
바라보았다. 그리곤 두 배로 울었다.

그들을 사랑하는 시벨이 나무들을 더더욱 푸르게 만들어 주었다.

이 여행자들 앞에서 바위 위에 물이 흐르게 하고
사막에서 꽃이 피어나게 했다. 미래의 어둠의
다정한 왕국이 그들을 위해 문을 열었다.

이것은 프랑스 상징주의 시인인 보들레르Charles Baudelaire, 1821-1867의 작품입니다. <여행 중인 보헤미안들>이라는 제목의 시인데 일정한 정착지 없이 떠도는 보헤미안을 묘사한 것입니다. 그런데 이 시는 묘하게도『분노의 포도』속의 몇몇 장면을 묘사한 것 같은 인상을 줍니다.

이를테면 조우드 일가와 윌슨 일가가 털털거리는 트럭에 타고 황량한 사막을 지나 캘리포니아의 살 곳을 찾아가는 모습, 그리고 '샤론의 장미'라는 여성이 목말라 죽어가는 한 남성을 살려내는 모습 등을 떠올리게 합니다. 여태껏 살아왔던 정착지를 버리고 떠나가는 것을 꺼려하고, 온갖 고생을 다하면서까지 새로운 정착지를 찾아 안주하려고 애쓰는 카인의 후예들. 그들은 땅을 버리고 떠날 수 있는 유목민이 아니라 땅을 갖고 있어야 하는 소작농이 틀림없습니다. 영어 어휘 tenant소작농를 보더라도 그 안에 보유자holder라는 의미가 들어 있으니까요.

tain, ten, tin(=to hold, 지니다)

abstain[æbstéin] <ab(s)(=away)+tain> 삼가다, 절제하다, 그만두다
detain[ditéin] <de(=down)+tain> 붙들어 두다, 보류하다, 억류하다
maintain[meintéin] <main(=hand)+tain> 계속하다, 유지하다
pertinent[pə́ːrtənənt] <per(=intensive)+tin+ent(=having the quality of~)>
　　　　　　　　　　　　적절한, 관계있는, ~에 해당하는
sustain[səstéin] <sus(=under)+tain> 떠받치다, 부양하다, 견디다, 유지하다
tenure[ténjuər] <ten+ure(=condition)> 보유, 유지, 재직, 종신 제작권

▶같은 듯 같지 않은 단어들

• hire[haiər] (단기간 물건의 사용 또는 사람을 고용하기 위하여 돈을 지
　　　　　　불하고) 임대하다, 고용하다

　How much would it cost to hire a car for a week?
　일주일간 차를 임대하는 데 얼마가 듭니까?

• let[let] (집이나 방을) 세놓다

　He is letting his house for the winter.
　그는 겨울 동안 자기 집을 세놓고 있다.

• rent[rent] (단기간 또는 장기간 물건의 사용을 위하여 주는) 임대료,
　　　　　　(돈을 주고) 임대하다

　The man rented his spare room to us for $100 a week.
　그 사람은 자신의 빈 방을 우리에게 일주일에 백 달러를 받고 빌려 주었다.

He bit off more than he can chew.
송충이는 솔잎을 먹어야 한다.

19 Salt and sugar

필요악

salt[sɔːlt]
① 소금
② 소금 그릇
③ 얼얼한 맛, 짜기
④ 사회에 중심이 되는 사람

sugar[ʃúgər]
① 설탕
② 감언, 달콤한 말
③ 뇌물, 돈

감정의 이중 요인 이론

현실세계에서도 그렇고 영화 속에서 정겨워 보이는 연인들이 롤러코스터를 함께 타거나 공포 영화를 함께 보며 서로의 사랑을 확인하는 장면을 목격하게 됩니다. 그런데 이런 행동이 그저 즉흥적인 것이고 소모적인 것처럼 보일지는 몰라도 실제로 가시적인 효과가 있다는 것이 밝혀졌습니다.

심리학에 따르면 우리는 자신의 감정을 이해하기 위해서 두 가지를 갖추어야 합니다. 첫째는 육체적 자극이 있어야 하고 두 번째로 그것에 대한 해석이 뒷받침되어야 합니다. 이를테면 자신이 롤러코스터를 타고 흥분한 상태에서 지금 흥분되어 있다는 것을 지각하고, 다음으로 무엇 때문에 흥분하고 있는지 알아야 비로소 감정을 인지하게 된다는 것입니다. 따라서 모든 감정은 두 가지로 구성된다는 것인데 이것을 감정의 이중 요인 이론Two-Factor Theory of Emotion이라고 합니다. 심리학자인 스탠리 샤흐터Stanley

Schachter와 제롬 싱어Jerome Singer가 실험을 통하여 얻어낸 결과입니다.

두 심리학자가 진행한 실험의 내용은 이렇습니다. 우선 피실험자들을 세 그룹으로 나누었습니다. 그런 후에 A와 B 두 그룹에게는 비타민을 주사하여 시력에 미치는 영향을 검사할 것이라고 미리 알려주면서 실제로는 비타민 대신 흥분제 역할을 하는 아드레날린을 주사했습니다. 그리고 C 그룹에게는 아드레날린을 주사했다고 사실대로 말했습니다.

그리고 피실험자들이 시력테스트를 하기 위해 기다리는 동안 그들에게 설문지가 배포되었습니다. 그런데 그것은 '당신의 가족 중 정신과 치료가 필요한 사람은 누구입니까', '당신의 어머니는 얼마나 많은 남자와 혼외정사를 가졌나요' 등 이상한 질문으로 구성된 설문지였습니다. 게다가 실험자들은 각각의 피실험자 그룹에 연기자를 숨겨 놓고 실험자가 시키는 대로 연기를 하도록 해 놓았습니다.

실험자의 지시에 따라 A 그룹에 들어 있던 연기자는 "뭐 이런 모욕적인 설문이 있어!"라고 소리치며 설문지를 구겨 집어던지면서 방을 뛰쳐나갔습니다. 또 B 그룹의 연기자는 지시받은 대로 기분 좋은 사람처럼 종이비행기를 접으며 콧노래를 흥얼거렸습니다. 실험 후 피실험자들에게 기분을 물었습니다. 그랬더니 A 그룹은 설문지 때문에 화가 났다고 대답한 반면, B 그룹은 기분이 좋았다고 말했습니다.

사실 두 그룹의 피실험자들은 아드레날린 때문에 흥분했는데 한 그룹은 그것을 화가 난 것으로, 다른 그룹은 그것을 즐거움으로 해석했던 것입니다. 즉, 흥분한 원인을 주변에서 찾아 해석을 내린 겁니다. 이에 반해 C 그룹은 화를 내거나 즐거워하지 않았습니다. 그들은 아드레날린이 주사되어 흥분된 원인을 알고 있었기 때문에 해석을 내릴 필요가 없었던 것이지요.

이 실험을 앞서 말했던 연인들의 예와 연관 지어 봅시다. 연인들이 롤러코스터나 공포 영화를 함께 즐길 때 그들은 가슴이 뛰며 흥분하게 되는

데 감정을 해석하기 위해 그 원인을 찾을 겁니다. 그런데 가슴이 뛰는 원인을 옆에 있는 상대방 때문이라고 해석하겠지요. 그러니까 상대가 매력적이라고 여기게 되는 겁니다. 이렇게 보면 감정이란 것이 상당히 자의적인 것입니다. 그래서 그런지 여우 같은 사람들은 상사가 화가 나 있을 때는 어떡하든 핑계를 대고 자리를 피합니다. 아무튼 기쁘거나 화가 날 때 그 원인이 무엇인지를 다시 한 번 생각해 본다면 어처구니없는 판단착오는 면할 수 있을 겁니다.

영어 어휘 anger화가 남, 분노의 처음 의미는 고통 또는 괴로움이었습니다. 적어도 13세기까지는 분노라는 의미는 없었습니다. 슬픔의 뜻을 가지고 있었던 고대 노르웨이어 angr가 영어에 유입되었는데 그것은 수축 또는 협착의 의미를 갖는 어휘들과 연관성이 있었습니다. 고대 영어 enge는 독일어와 네덜란드어 eng와 마찬가지로 좁다는 뜻입니다. 이것은 목조르기라는 의미를 가진 그리스어의 어휘 ankhone에서 나왔고 더 거슬러 올라가면 동사로서 쥐어짜다는 뜻의 ankhein에서 파생된 것입니다. 그런데 여기에 가슴이라는 의미를 가진 pectoris를 붙이면 혈관이 좁혀져 막힘으로써 가슴을 쥐어짜는 것 같은 통증, 즉 성인병의 하나인 angina pectoris협심증가 됩니다. 낱말 그대로 가슴이 좁아졌으니 그럴 수밖에요. 또한 라틴어 angustus도 좁다는 뜻입니다. 이로부터 영어 어휘 anguish괴로움가 나왔습니다. 이런 어휘들이 비슷비슷한 이유는 이들이 모두 좁다는 뜻의 인도유럽어 angg-에서 비롯되었기 때문입니다.

우리 주변에서도 그렇듯이 좁다는 것은 여건을 열악하게 만들어 부정적인 결과를 초래합니다. 예를 들어 도로의 보수 공사를 하기 위해 차선을 하나만 줄여 놓아도 차들이 막히고 밀리기 시작합니다. 인구가 지나치게 조밀해져 사람들 간의 거리가 좁혀지면 전염병이나 범죄 발생률이 높아집니다. 또한 우리 몸도 혈관이 좁아짐으로써 고혈압, 뇌출혈, 협심증 같은 질환이 생기게 됩니다. 그런데 아이러니한 것은 이러한 치명적인 질환을 유발하는 식품이 우리가 꼭 필요해서 늘 곁에 두고 즐겨 찾는 소금과 설탕이라는 점입니다.

로마 군인의 봉급은 소금 살 돈

우리 몸의 0.7퍼센트 정도를 차지하고 있는 소금. 그 소금이 인류와 함께한 역사는 꽤 오래되었습니다. 지금은 소금을 음식의 맛을 내기 위해 사용하지만 인류는 오래전부터 소금을 육류나 생선에 뿌려서 절임 식품을 만들어 고기류를 장기 보존하는 용도로 많이 사용해 왔습니다. 예를 들어 소금에 절인 청어를 만들려면 청어 무게의 ⅓에 해당되는 소금이 필요합니다. 19세기 후반에만 해도 북해 지역에서 거래되는 청어가 대략 30억 마리 정도라고 했으니 이 청어를 절이는 데 필요한 소금의 양이 어느 정도인지 짐작이 갈 겁니다.

화폐를 대신할 정도로 생필품이었던 소금은 바로 그 이유 때문에 과세 대상이었습니다. 중세시대에 프랑스 왕실은 소금에 세금을 붙여 그것을 왕실 재정의 재원으로 삼았습니다. 그 소금세를 가벨gabelle이라 불렀는데 가벨은 소금 교역로를 따라 유럽 전역으로 퍼져 프랑스뿐만 아니라 유럽 전역에서 공통적으로 소금세를 칭하는 말이 되었습니다. 이후 프랑스에서는 소금세가 점점 가중되어 민중으로부터 원성의 대상이 되었는데 그것이 결국 프랑스혁명을 촉발시키는 원인이 됩니다.

소금은 땅에서는 암염 형태로 또 바다에서는 해염 형태로 얻어집니다. 암염은 수천 년 동안 낙타를 끌고 다니던 대상들이 아프리카 대륙을 가로질러 유럽에 팔았던 주요 상품이었습니다. 또 해안 지방에서는 비교적 쉽게 해염을 구할 수 있었지만 내륙에서는 구하기가 쉽지 않은 생필품이라 값이 만만치 않았습니다.

이러한 사실을 입증하는 어휘가 있는데 그것이 바로 salt입니다. 고대 로마제국에서는 정복지 주둔 군인이나 관료들에게 소금을 살 수 있는 돈을 지불했는데 소금 값에 따라 차등 지급했습니다. 그러니까 소금이 비교적 싼 해안 지역의 군인이나 관료보다 소금 값이 비싼 내륙 지방의 군인이나 관료에게는 상대적으로 많은 급료를 주었습니다. 이것을 salarium이라 했는데 이것이 시대에 따라 바뀌어 가며 현대 영어 어휘 salary^{봉급, 급료}가 되었습니다.

설탕은 흑인 노예의 슬픔과 눈물의 역사

소금에 비한다면 설탕은 의외의 여정을 거치며 아픈 역사를 갖게 됩니다. 설탕은 기원전부터 인도에서 재배되어 지중해를 거쳐 유럽에 전해졌습니다. 16세기까지만 해도 왕실이나 일부 귀족들만 먹을 수 있는, 후추와 함께 아주 비싼 물품이었지요. 그러다가 18세기에 들면서 설탕의 소비량은 급격하게 증가합니다. 커피와 차에 설탕을 타 마시는 풍습이 유행하기 시작하면서 그 소비량과 함께 설탕의 수요도 엄청나게 늘었습니다.

귀한 사치품의 수요 급증. 이러한 사태를 해결하기 위하여 시작된 것이 바로 아메리카 대륙의 사탕수수 플랜테이션이었습니다. 콜럼버스가 아메리카 대륙을 발견한 이후, 포르투갈은 사탕수수를 브라질로 가져가 재배에 성공합니다. 또 자메이카를 비롯한 카리브 연안 섬에서도 사탕수수 재배를 시작했지요. 이후 급증하는 설탕 수요를 맞추기 위해 아메리카 대륙의 원시림까지 개간하여 사탕수수 밭으로 만들어 버렸습니다. 그리고 사탕수수 재배와 설탕을 만드는 제당 과정에 필요한 고된 노동은 아프리카 흑인 노예의 노동력으로 충당했습니다.

카리브 연안 섬의 사탕수수 플랜테이션은 그야말로 대규모 사탕수수 재배 농장과 설탕을 만드는 제당 공장의 결합입니다. 엄청난 규모의 플랜테이션에서 생산된 설탕을 항구로 운반하기 위하여 증기 기관차까지 동원되었습니다. 설탕 플랜테이션에서 막대한 부를 축적한 농장주들은 이 돈을 산업혁명의 자본으로 돌려서 결과적으로 산업혁명이 촉발되는 계기를 만들게 됩니다. 예를 들면, 제임스 와트James Watt, 1736-1819는 리버풀 상인이 만든 은행으로부터 기금을 받아 증기기관을 연구하고 발명했으니까요. 또한 아메리카 식민지에서 시작된 생산과 운송 체계, 말하자면 대량 재배로 원료를 충당하여 대량 생산된 상품을 신속하게 운반하는 방식은 후에 영국의 산업혁명 발달과정에 영향을 주었고 그로 인해 근대적 공장 시스템이 태동하게 되었습니다.

신대륙으로부터 대량으로 설탕이 유입되자 설탕은 사치품이 아니라 일상용품이 되었고 이에 따라 수요는 점점 늘어갔습니다. 그러자 사탕수수 플랜테이션을 경영하는 농장주들은 노예 노동력 확보에 혈안이 되었습니다. 그것은 아프리카로부터 더 많은 노예 확보를 의미했습니다. 이 때문에 영국의 리버풀을 비롯한 유럽의 항구에는 점점 더 많은 노예 상인들이 몰려들었습니다. 이들은 노예 무역선에 철포, 탄약, 장식용 구슬, 면옷감, 아프리카 화폐의 대용품인 철봉 등을 싣고 유럽의 항구를 떠나 서아프리카 항구로 들어가 노예 및 다른 상품으로 교환하였습니다.

노예를 확보한 상인들은 노예의 얼굴, 가슴, 등, 어깨 등에 낙인을 찍고 노예 무역선에 태우고 대략 30일에서 40일 정도 걸리는 카리브 연안 섬이나 브라질로 향했습니다. 그들은 노예 무역선에 노예 1인당 높이 80cm, 깊이 180cm, 폭 40cm의 좁은 공간을 만들어 손발이 사슬로 묶인 노예들을 빼곡하게 태웠습니다.

좁은 공간에 많은 인원을 수용하다 보니 항해 도중 전염병이나 탈수증 등으로 노예가 사망하는 경우가 속출하였습니다. 이럴 때면 선장들은 전염병의 확산을 우려한 나머지, 병에 걸린 노예를 산 채로 바다에 던져 버리는 반인륜적인 행동도 서슴지 않았습니다. 영국의 화가 터너^{Joseph Mallord William Turner, 1775-1851}는 이와 같은 실상을 화폭에 그대로 옮겨 놓았습니다. 그런데 이것은 빙산의 일각이라고 할 수 있습니다. 영국 리버풀에 있는 노예박물관을 둘러보면 당시 흑인 노예들의 처참했던 상황을 짐작할 수 있습니다. 단맛을 내기 때문에 누구나 좋아하는 설탕, 그 달달한 맛 뒤에는 흑인 노예들의 슬픔과 눈물의 역사가 서려 있다는 것은 아이러니가 아닐 수 없습니다.

contra, contro, counter(=against, 반대편의; opposite, 반대의)

contradict[kὰntrədíkt] <contra+dict(=to speak)> 반박하다, 모순되다
contravene[kὰntrəvíːn] <contra+vene(=to come)> 위반하다, 반박하다
controvert[kɑ́ntrəvə̀ːrt] <contro+vert(=to turn)> 논쟁하다, 부인하다
counterfeit[káuntərfit] <counter+feit(=to make)> 가짜의, 위조의, 모조품
counterpart[káuntərpɑːrt] <counter+part> 상대자, 대조물

▶같은 듯 같지 않은 단어들

• dish[diʃ] (특정 조리법에 따라 특별히 마련된) 음식

There were several sweet dishes on the menu.
메뉴에는 몇몇 맛있는 음식들이 있었다.

• food[fuːd] (사람과 동물이 생존을 위해 먹는) 음식, 식품

There was a lot of food and drink at the party.
그 파티에서는 음식과 음료가 많이 나왔다.

• meal[miːl] (때 맞춰 먹는 아침, 점심, 저녁 등의) 식사

We're going out for a meal on her birthday.
우리는 그녀의 생일날 외식을 하려고 한다.

20 Hamburger

남의 살에 대한 욕망

[
hamburger[hǽmbəːrgər]
① 햄버거 스테이크
② 햄버거 스테이크용 다진 고기
③ 햄버거(샌드위치)
]

햄버거는 원래 몽고 음식

붕어빵에 붕어가 없듯이 햄버거에는 햄ham이 없습니다. 햄버거는 독일의 항구도시 함부르크Hamburg에서 유래된 햄버거 스테이크hamburg steak의 준말입니다. 햄버거 스테이크는 쇠고기를 잘게 다진 것인데 1850년대 함부르크에서 미국으로 이주한 독일 이민자들이 가져온 어휘인 것이지요. 이 hamburg steak는 그 뒤로 30년 후인 1889년경 hamburger steak로 변합니다. 그러다가 1908년경 hamburger로 축약되어 사용되면서 미국의 대표적인 패스트푸드를 가리키는 말이 되었습니다. 고기만을 가리키던 이말은 이후 사용 범위가 확대됩니다. 즉, 1930년대에 이미 빵 사이에 고기를 넣은 샌드위치 형태를 가리키는 말이 되었고 그것을 응용한 형태의 햄버거가 만들어지면서 cheeseburger, baconburger, nutburger 등의 어휘가 새롭게 탄생하였습니다.

원래 Hamburg의 첫 음절 ham은 게르만어에서 온 것인데 영어의 home을 가리킵니다. 그래서 작은 마을을 뜻하는 hamlet 또한 그 예로 볼 수 있습니다. 그리고 -burg는 게르만어에서 방어를 목적으로 하는 성이나 군사적 요새를 가리킵니다. 그러므로 함부르크Hamburg는 요새화된 도시라는 뜻입니다. -burg의 변이형태로 –burgh와 borough가 있는데 에든버러Edinburgh, 피츠버그Pittsburgh, 요하네스버그Johannesburg, 그리고 말버러Marlborough 등 도시명에서 그 예를 찾을 수 있습니다.

이렇게 햄버거에 대한 이야기를 하다 보면 마치 햄버거가 유럽에서 처음 생긴 것으로 생각할 겁니다. 그런데 사실은 그렇지 않습니다. 햄버거는 아시아의 몽골제국에서 시작된 것이지요. 주지하다시피 몽골 민족은 13세기 덩치가 작은 몽골말을 타고 세계 역사상 가장 넓은 제국을 건설하였습니다. 그런데 한 가지 주목할 점은 그들이 주변국을 정벌하러 나설 때면 많은 예비 몽골말을 더 데리고 나섰다는 점이지요. 그들은 매일 말을 바꿔 타면서 하루에 약 70㎞를 이동하였으며 필요한 경우에는 식량 대용으로 말을 잡아서 먹곤 하였습니다.

그런데 평상시에 비타민 섭취를 위해 말고기를 날 것으로 먹던 그들은 원정하는 이동 중에는 말고기에 채소와 소금을 넣고 다져서 그것을 말안장 아래 깔아두고 다니면서 먹었습니다. 이것이 유럽에 전해지면서 그렇게 먹는 고기를 타르타르 스테이크라고 했지요. 타르타르라는 말은 그리스 신화에서 지옥을 뜻하는 타르타로스Tartaros에서 유래된 것으로, 13세기에 유럽을 휩쓸었던 몽고 군대가 유럽인의 눈에는 마치 타르타로스 지옥에서 풀려난 악마 떼거리처럼 보인 겁니다.

이것을 좀 더 자세히 살펴보면, 우선 몽골 인근의 러시아는 몽골에 정복당하면서 200년간 몽골에 예속됩니다. 바로 그 기간에 몽골인들이 질긴 말고기를 잘게 썰고 다져서 스테이크로 만들어 먹는 방법이 러시아로 전파되었고 이것이 다시 독일로 전해졌는데 그 과정에서 익혀서 먹는 방법이 더해진 것입니다. 말하자면 처음에 질긴 쇠고기를 그냥 먹던 독일 사람들이 고기를 잘게 다지고 거기다가 철판 위에 얹어 구워 먹는 데에까지 이르게 되었는데 그것이 곧 함부르크 스테이크가 된 것입니다. 그 함부르크 스테이크가 1850년대 독일 이주민을 따라 미국으로 건너갑니다. 이때 함부르크 스테이크라는 말이 줄어서 햄버크가 되었다가 다시 햄버거로 바뀌게 된 것이지요.

그렇다면 햄버거에는 햄이 없는데 원래 햄은 어떻게 생겨난 것일까요. 햄이란 원래 먹다 남은 고기를 오래 두고 먹기 위해 고안해 낸 식품입니다. 선사시대에는 인간이 음식을 보존하고 저장할 줄 몰랐기 때문에 그때그때 먹을 것을 찾아 이동해야 했습니다. 그런데 한곳에 정착하여 살게 되었다는 것은 음식을 저장할 수 있다는 사실을 입증해 주는 겁니다.

기록된 사실은 없지만 인간은 우연한 기회에 음식의 부패를 막고 오래 보존하는 방법을 알게 되었을 겁니다. 바닷물에 빠져 죽은 동물이나 또는 눈 속에 파묻혀 죽은 동물이 썩지 않고 발견되었을 때, 또는 약한 불에 쬐어 둔 고기가 마르거나 훈제되었을 때, 아니면 습기가 낮은 건조한 곳에 두었던 곡식이 썩지 않았을 때 이런 현상들을 보면서 저장 방법을 터득하게 되었을 겁니다.

햄, 소시지, 베이컨은 원래 겨울나기용 염장 식품

그러다가 생고기에 소금을 뿌리면 썩지 않고 오래간다는 사실을 알게 되었습니다. 이 염장법은 인류 역사에 있어서 위대한 발견 중 하나인데 그 원리는 이런 것이지요. 살아 있는 세포는 수분이 드나들 수 있는데 생고기에 소금을 뿌려 놓으면 세포 밖의 높은 염도로 인하여 세포 속의 수분이 완전히 빠져 나갑니다. 이른바, 삼투압 현상이지요. 결과적으로 고기는 완전히 건조되어 미생물이 살 수 없게 되는 겁니다. 이집트 사람들이 미라를 만든 것을 보면 그들은 이미 고기 염장법을 터득하고 있었을 것으로 보입니다. 그렇다면 인간은 약 4500년 전부터 이미 고기를 염장하여 보존했다는 것이지요.

19세기만 해도 유럽 지방에서 고기는 하루나 이틀 사이에 먹도록 되어 있었고 오래 두고 먹을 경우에는 소금에 절이는 염장법을 이용하였습니다. 그런데 유럽의 중북부 지방은 기온도 대체로 낮은데다가 겨울이 길어 농사와 목축하는 데에 어려움이 많았습니다. 농사를 지어도 작황이 좋지 않아서 사람이 먹을 식량조차 부족했습니다. 물론 가축을 먹일 곡식은 거의 없었고 기후 관계로 건초를 확보하는 것도 힘들었습니다.

그래서 가축을 먹이며 겨울나기가 힘들기 때문에 중북부 유럽에서는 12월 초 성 니콜라우스 축일에 특별한 잔치를 벌입니다. 새끼를 낳을 암퇘지 한 마리, 암소 한 마리, 양 한 마리 정도만 산 채로 두고 나머지는 도살하여 소금에 절였습니다. 돼지 피는 창자에 넣어 순대를 만들었고 일부는 선짓국을 끓여 먹었습니다.

이러한 전통이 후대로 전해져 발달한 것이 오늘날의 햄, 베이컨, 소시지입니다. 먼저, 햄ham은 소금에 절인 훈제한 돼지고기를 일컫는 말입니다. ham은 원시 게르만어에서 굽이bend를 뜻하는 어휘에서 비롯된 것으로서, 고대 영어에 유입되어 무릎의 굽은 곳을 가리키는 hamm으로 사용되었습니다. 이런 연유로 16세기까지 무릎 뒤쪽 다리 부분을 뜻하는 낱말이었는데 16세기 중반부터는 의미가 확대되어 넓적다리 부분을 지칭하게 되었으며 그러다가 17세기경 식용으로 쓰이는 돼지 넓적다리를 의미하게 되었습니다.

베이컨은 BLT라고 하는 샌드위치의 구성물 중 하나입니다. bacon베이컨, lettuce양상추, tomato토마토가 그것인데 bacon은 영어 단어 back과 어원을 같이하는 원시 게르만어 bɑkɑm에서 유래된 것입니다. bacon은 원래 돼지를 비롯한 가축의 고기를 뜻하는 낱말이었습니다. 고대 프랑크어 báko, 고대 불어 bacon, bacun을 거쳐 14세기 영어에서 bacoun으로 사용되었으며 이 과정에서 돼지의 옆구리 살을 뜻하게 되었습니다. 그러다가 의미가 더 축소되어 훈제된 옆구리 살을 지칭하다가 다시 의미 변화가 일어나 돼지의 등살이나 뱃살 부위의 고기를 소금에 절여 훈제한 것을 가리키는 어휘가 되었습니다.

소시지를 뜻하는 sausage는 소스sauce와 어원이 같습니다. 라틴어에서 소금을 뜻하는 sál의 여러 가지 파생어가 고대 불어를 거쳐 14세기 영어에 조미료의 뜻을 갖는 sauce로 차용되었습니다. 그런데 라틴어 salsus의 파생어 salsicius는 소금에 절였다는 뜻으로서 이것이 불어를 거쳐 1450년경 영어에 sawsyge로 유입되었습니다. 1553년 오늘날의 철자인 sausage가 등장했는데 이것은 소금을 치다는 동사의 뜻으로 착각하여 파생된 결과입니다.

소시지는 여러 가지 종류가 있는데, 먼저 고기를 곱게 갈아서 창자에 넣고 바로 익혀 연기에 쐰 후 금방 먹어야 하는 소시지가 있습니다. 또 오래 보관하기 위하여 창자에 생고기를 넣은 후, 발효와 건조 과정을 거친 소시지도 있습니다. 스페인의 초리조나 이탈리아의 살라미 소시지가 대표적인 것인데 이것은 창자에 고기를 다져 넣고 소금과 향신료를 넣은 후 매달아서 1~3개월 동안 숙성, 건조시킨 것입니다. 이 소시지는 선원이나 전쟁터에 나가는 군인들을 위한 것이었는데 보통 1~2년 동안 보관이 가능합니다.

식생활 변화의 신기원, 냉동 기술

이렇게 식품 보관 방법이 발달하기는 했지만 식품의 수급 사이에는 늘

불균형 상태가 상존해 왔습니다. 일례로 산업혁명 이후 도시는 인구 팽창으로 인하여 먹을거리 확보에 비상이 걸렸습니다. 특히나 고기와 야채 같은 신선식품의 공급이 불안정해지면서 많은 사회 문제를 야기시켜 식품의 보존 문제, 특히 장기 보존 방법이 절실히 요구되고 있었습니다.

필요에 따라 우선, 식품을 저온 상태로 유지하여 보존하려는 방법을 강구하기 시작했습니다. 식품을 냉장 보존하기 위하여 얼음을 이용하였는데 얼음을 잘라서 가정에 공급하는 것은 비용과 운송 면에서 한계가 있었습니다. 그런데 19세기 중엽에 인공적으로 얼음을 얼리는 기술이 개발되었고 이어 냉동고가 등장하였습니다. 이윽고 1876년 냉동고를 장착한 선박이 등장하였고 1878년 아르헨티나에서 프랑스까지 전혀 부패되지 않은 냉동된 쇠고기를 운반하여 육류 수급에 획기적인 전기를 마련했습니다.

비록 냉동 상태이긴 했지만 대서양을 건너 유럽에 날것으로 고기를 공급할 수 있게 됨에 따라 아르헨티나 목장주들은 큰돈을 벌게 되었고 미국인들 또한 대평원에 살고 있던 버펄로를 스페인 육우로 대체하여 사육하기 시작했습니다. 1870년대 대륙횡단철도가 완성되고 냉동육을 수송할 수 있는 냉동선 기술이 발달하면서 미국 서부의 쇠고기는 영국을 비롯한 유럽에 수출되기 시작했습니다. 1880년대 영국 자본가들은 미국 서부에 진출하여 방목지를 사들이고 이어 시카고를 비롯한 몇몇 대도시에 식육가공업을 시작하여 오늘날 거대 산업으로 성장한 발판을 마련했습니다. 물론 이것은 후에 남의 살을 탐하는 우리의 욕망을 한도 끝도 없이 키워놓게 되어 그 결과 여러 가지 문제를 초래하게 됩니다.

with(=against, 대항하여; away, 떨어져; back, 뒤로)

notwithstanding[nàtwiðstǽndiŋ] <not+with(=against)+standing+ing>
그럼에도 불구하고
withdraw[wiðdrɔ́ː] <with(=back)+draw> 철회하다, 인출하다, 철수하다
withhold[wiðhóuld] <with(=back)+hold> 보류하다, 억제하다
withstand[wiðstǽnd] <with(=against)+stand> 견디다, 저항하다

▶같은 듯 같지 않은 단어들

• bag[bæg] (종이, 헝겊, 플라스틱, 가죽 등으로 만든) 봉지, 가방

Christina was carrying a little velvet bag with a silver chain on it.
크리스티나는 은고리가 달린 작은 벨벳 가방을 갖고 다녔다.

• packet[pǽkit] (상품을 넣는 얇은) 봉투, 종이 상자 또는 가방

How many seeds are there in a packet?
한 봉지에 씨앗 몇 개씩 들어 있습니까?

• sack[sæk] (거친 헝겊이나 질긴 종이로 만든) 커다란 봉지, 부대

The corn was stored in large sacks.
옥수수는 큰 부대자루에 담겨져 있었다.

A loaf of bread is better than the song of many birds.
금강산도 식후경.

21 Champagne

샹파뉴의 다른 호칭

[
champagne[ʃæmpéin]
① 샴페인
② 샴페인 빛깔
ⓐ (시치) 최고품
]

귤이 회수를 건너면 탱자가 된다

apron앞치마, 에이프런은 요리할 때 요리하는 사람의 옷에 무언가 묻는 것을
방지하기 위해 옷 위로 두르는 천입니다. 말 그대로 apron은 천cloth이라는
뜻의 고대 불어 naperon에서 유래되어 중세 영어 시대에 napron으로 차
용되었습니다. 그러니까 13세기라고 가정하면, 음식을 조리하면서 옷에
음식물이 튈까 걱정되어 에이프런이 아닌 내이프런naperon을 걸쳤을 테지
요. 그렇다면 어떻게 오늘날 에이프런이 되었을까요.

관사를 별로 쓰지 않는 우리말과는 달리 명사 중심의 언어인 영어는 명
사 앞에서 세부적으로 제한을 해 주는 관사의 용법이 발달되어 있습니
다. 이에 따라 명사였던 napron 앞에도 부정관사 a가 오게 되는 경우가 많
은데 이때 a napron을 빨리 발음하다 보면 an apron이 됩니다. 반복해서
발음하다 보면 그렇게 되는 것을 느낄 수 있을 겁니다. 이런 과정을 거쳐
napron은 apron으로 발음이 굳어지고 이어서 철자도 바뀌게 되었습니다.

이것은 잘못된 발음 때문에 철자가 바뀌게 된 경우인데 이런 영어 어휘의 예를 더 들어 보면 auger송곳도 그렇습니다. 이것은 원래 nauger였는데 이것 역시 관사가 붙는 경우 a nauger가 맞지만 발음하다 보니 an auger로 변한 것입니다. 또 도롱뇽과 비슷한 동물인 영원을 가리키는 newt가 있습니다. 이 어휘는 원래 ewte이었는데 여기에 부정관사 an이 붙는 경우 an ewte가 됩니다. 이것을 발음하다가 잘못되어 a newt가 된 것이지요. 하나의 철자가 이쪽에 붙느냐 저쪽에 붙느냐에 따라 전혀 다른 모습의 어휘로 굳어져 버립니다.

이런 현상은 어휘에만 국한된 것은 아닙니다. 귤화위지橘化爲枳라는 고사성어도 이와 유사한 경우라고 할 수 있습니다. 귤이 회수淮水를 건너면 탱자가 된다는 말인데 회수는 회하淮河라고도 불리는 중국의 강 이름입니다. 고대시대 이래로 이 강을 경계로 남과 북으로 나누어지며 문물 또한 많은 차이가 있었습니다. 주위 환경의 차이가 사람이나 사물을 변화시킨다는 뜻으로 강남에 있던 귤나무를 회수 건너 강북에 옮겨 심으면 탱자나무가 된다는 것입니다.

이것은 중국 춘추시대 제나라의 재상이었던 안영晏嬰의 고사에서 나온 말입니다. 안영은 높여서 안자晏子라고도 불리는데 그는 세 명의 왕을 모시는 동안 절제된 생활을 통하여 엄격하게 자기 관리를 한 결과 중국 역사상 손꼽히는 명재상이 되었습니다. 그는 재상으로 지내는 동안에도 밥상에는 고기반찬을 올리지 않았을 뿐만 아니라 그의 부인도 비단옷을 입지 않았다고 전해집니다. 또 조정에 들어가면 왕이 묻는 말에만 대답하고 왕이 묻지 않는 말에는 대답하지 않을 정도로 언행을 조심하였다지요. 그런데 그런 절제된 품행 외에도 그는 유려한 말솜씨와 임기응변의 처세술로 잘 알려져 있습니다.

그러면 고서에 전하는 그의 유명한 일화를 소개해 보기로 하겠습니다.

언젠가 한 번은 주변국인 초나라의 영왕이 그를 초청한 적이 있었습니다. 초나라 왕은 첫 대면의 인사를 하면서 안영을 대 놓고 면박주기 위해 일부러 이렇게 말을 했습니다. "당신네 제나라에는 사람이 없소? 왜 하필 당신같이 왜소한 사람을 사신으로 보낸답니까?" 안영의 볼품없는 외모를 빗대어 비웃어 주려는 말이었지요. 당시 초나라는 패권을 다투는 강대국이었기에 제나라를 우습게 보기도 했지만 안영의 명성을 시험해 보려는 의도도 있었을 겁니다. 이에 안영은 조금도 머뭇거림 없이 태연하게 되받아 주었습니다. "소신이 사신으로 오게 된 까닭은 이러하옵니다. 우리나라에서는 사신을 보낼 때 상대방 나라에 맞는 사람을 골라서 보내는 관례가 있습니다. 이를테면 작은 나라에는 작은 사람을 보내고 큰 나라에는 큰 사람을 보냅니다. 소신은 우리나라 대신들 중에서도 작은 편에 속하기 때문에 초나라로 오게 된 것이옵니다."

안영의 멋진 반격에 일격을 당한 초나라 영왕은 은근히 화가 치밀어 올랐습니다. 안영의 기를 꺾기 위해 궁리를 하던 끝에 부하를 시켜 제나라 출신의 죄인을 끌고 오게 했습니다. 그리고는 안영을 불러 놓고 그 앞에서 죄인을 심문하였습니다. 영왕은 안영에게 들으라고 죄인의 죄명을 밝힌 다음, 빈정대며 이렇게 말했지요. "제나라 사람은 도둑질을 잘하는 모양이군!" 그러자 안영은 귤화위지의 고사를 예로 들어 이렇게 대답하였습니다. "소신이 듣기로는 귤이 회남淮南에서 나면 귤이 되지만, 회북淮北에서 나면 탱자가 된다고 들었습니다.橘生淮南則爲橘 生于淮北爲枳 다시 말하면, 두 나무의 잎은 서로 비슷하지만 그 과실의 맛은 다릅니다. 그 이유는 물과 땅이 다르기 때문입니다. 지금 제나라에서 태어나고 성장한 제나라 백성들은 도둑질을 하지 않습니다. 그런데 그러한 백성들이 초나라로 들어오면 도둑질을 합니다. 초나라의 물과 땅이 백성들로 하여금 도둑질을 하게 만드는 것입니다." 또 한 번의 멋진 반격에 초나라 왕은 계면쩍어하면서 이렇게 말했습니다. "군자는 농담을 주고받지 않는다고 하는데 과인이 실례를 범한 것 같아 오히려 부끄럽소." 결국 초나라 영왕도 안영의 인품에 스스로 굴복하고 그를 예우해 주었다는 굴화위지의 고사가 바로 이것입니다.

샴페인은 샹파뉴의 영어 발음

그러니까 경계선을 기준으로 이쪽과 저쪽이 다른 결과를 낳는다는 것인데 우리 주변에서 그런 예는 많이 볼 수 있습니다. 언어만 다를 뿐인데 같은 것이 마치 다른 것인 양 둔갑한 예가 있습니다. 다름 아닌 샹파뉴가 그것인데 샹파뉴를 우리는 샴페인이라고 부릅니다. 잘못 소개된 경우도 비일비재합니다만 샴페인은 샹파뉴의 영어 발음일 뿐입니다. 그러니까 샹파뉴든 샴페인이든 모두 프랑스 샹파뉴 지방에서 생산되는 발포성 와인을 가리키는 말입니다.

프랑스의 북동부에 위치한 샹파뉴 지방은 현재 샹파뉴아르덴 주라고 생각하면 됩니다. 이 지명은 라틴어로 '평지, 논, 밭'이라는 뜻의 캄파니아Campania에서 유래된 것이지요. 예로부터 켈트계 벨기에 사람들이 거주하였고 고대 메로빙거 왕조와 카롤링거 왕조 때에 귀족들의 영지였다가 1285년 프랑스 왕가에 병합된 지역입니다. 지리적으로 유럽의 중심부에 위치하여 일찍이 12~14세기에는 유럽 대륙의 교역 요충지로 번창하기 시작하였고 특히, 매년 여섯 번 열리는 샹파뉴 정기 시장으로 유명한 곳이었습니다. 근대 이후에는 독일과 마주한 국경 지역이라는 지리적 위치 때문에 전쟁 때마다 분쟁 지역이 되는 곳이기도 합니다. 이 지역의 중심 도시는 예로부터 프랑스 왕의 대관식이 열렸던 곳으로 잘 알려진 랭스Reims입니다.

아무튼 이 샹파뉴 지역은 일찍부터 넓은 평원에 양질의 포도를 재배해 왔던 곳입니다. 1세기경 로마 황제는 자국의 로마산 와인이 이곳 와인의 품질에 밀릴 것을 우려한 나머지 이곳의 포도밭을 폐허로 만들어 버렸습니다. 그 이후 3세기쯤 수도원의 어떤 사제가 포도 재배법을 복원하고 개량하여 그 덕분에 샹파뉴는 좋은 와인으로 다시 재탄생하게 되었습니다. 샹파뉴는 발포성 와인이라 마개를 여는 순간 '뻥' 하는 소리를 냅니다. 게다가 소리와 함께 넘쳐나는 기품으로 인하여 샹파뉴는 축하 연회에 펼히 있어야 하는 술로서 자리매김하게 되었습니다.

프랑스 와인 이야기가 났으니 좀 더 해 볼까요. 세계적으로 유명한 프랑스 와인의 대부분은 보르도, 샹파뉴, 부르고뉴산 와인입니다. 알다시피 와인의 이름은 생산되는 지역의 이름을 따는 것이 보통입니다. 앞서 샹파뉴의 영어식 발음이 샴페인이라고 해서 무조건 발포성 와인을 모두다 샴페인이라고 하면 어폐가 있을 수 있습니다. 왜냐하면 와인에 인공적으로 탄산을 주입한 발포성 와인도 있는데 이와는 달리 샹파뉴는 병에 와인을 넣고 자연발효로 만들어진 고급 와인이기 때문입니다.

와인 이야기를 하다 보니 코냑까지 언급해야 할 것 같습니다. 알코올 도수가 13.4도인 와인에 비해 40도를 상회하는 코냑은 조금씩 마셔야 하는 독주입니다. 원래 코냐크 지방의 와인은 보르도산 와인에 비해 신맛이 나는 등 맛이 없어 저급한 와인이었습니다. 그런데 1630년경 어떤 네덜란드 사람이 와인을 증류시켜 코냑을 만들어 냈다고 전해지고 있습니다. 말하자면, 코냑은 프랑스 코냐크 지방의 포도를 가지고 화이트와인을 만들고 난 후, 이 와인을 증류하여 오크통에서 10년 정도를 숙성시켜 얻어내는 브랜디입니다. 긴 숙성 기간이 필요하기 때문에 코냑은 과거 수도원에서 사제들이 많이 만들었습니다. 이와 같이 탄생한 코냑은 후에 유명세를 타면서 증류된 술, 브랜디의 대명사가 되었습니다.

어원상으로 보더라도 긴 역사를 가진 wine와인에 비해 cognac코냑은 근대에 들어와 영어 어휘로 유입되었습니다. wine은 고대 라틴어 vīnum에서 유래되어 선사시대의 인도유럽어 wīnam의 형태로 사용되던 어휘가 인도유럽어의 분파 경로를 따라 게르만어, 로맨스어, 슬라브어에 전해졌습니다. 그 결과 게르만어족의 독일어 wein, 네덜란드어 wijn, 스웨덴어와 덴마크어 vin 그리고 영어 wine의 형태로 오늘날까지 사용되고 있습니다. 또 로맨스어족 언어에서는 불어 vin, 이태리어와 스페인어에 각각 vino 형태로 사용되고 있습니다. 뿐만 아니라 슬라브어족 언어에도 전파되어 오늘날까지 사용되고 있는데 러시아어 vino, 폴란드어 wino, 리투아니아어 vȳnαs가 바로 그것입니다.

이에 비해 cognac이란 영어 어휘는 1594년 "Take small Rochell, or Conniacke wine"의 인용문에 처음 등장합니다. 앞서 언급하였다시피 코냑은 증류된 술인 브랜디인데 증류하기 위해서는 불을 때야 하기 때문에 불을 달군다는 의미의 branden으로부터 네덜란드어 brandewijn이 유래되었고 그것으로부터 brandy는 brandywine, brandewine, brandwine 등으로 영어에 유입되었습니다.

또한 증류라는 영어 어휘 distillation은 라틴어 distillo에서 유래된 어휘인데 이것은 down의 의미인 di-와 drop(물방울)의 의미인 stilla로 나누어집니다. 그러니까 액체를 증류시킨다는 것은 불로 열을 가하여 액체를 기포 상태로 바꾸면서 분리한 후, 이것을 다시 응결시키는 작업을 말하는 것이지요.

쇠든 액체든 뜨거운 맛을 보면 더 단단해지고 순도가 높아지게 됩니다. 그것은 사람도 마찬가지인 것 같습니다. 사람도 뜨거운 맛을 한 번 봐야 더 좋은 결과를 내지 않습니까. 'A burnt child dreads the fire.' 불에 덴 아이는 불을 두려워한다는 속담처럼 한 번 데였으니 정신을 차릴 겁니다. 이렇게 보면 불은 강렬함으로 인해 무엇인가 더 나은 것, 높은 것을 가져다주는 것 같습니다. 물론 지나치지만 않으면 말입니다.

de(=down, 아래로; off, 떨어져; intensive, 강조)

decrease[díːkriːs] <de(=down)+crease(=grow)> 감소
defraud[difrɔ́ːd] <de(=intensive)+fraud> 속이다, 사기 치다
delegate[déligit] <de(=off)+leg(=send)+ate(=to make)> 위임하다, 대리로
　　　　　　　파견하다
denounce[dináuns] <de(=down)+nounce(=tell)> 비난하다
depose[dipóuz] <de(=down)+pose(=put)> 물러나게 하다, 퇴위시키다

▶같은 듯 같지 않은 단어들

• brand[brænd] (비누나 음용 차 등에 제조사가 이름을 붙이는 일반적
　　　　　　으로 오래 지속되지 않는 제품의) 상표, 브랜드

A brand name is the name by which a particular product is sold.
브랜드 명은 그것에 의하여 특정 제품이 판매되는 이름이다.

• maker[méikər] (라디오나 세탁기 등의 가전제품 또는 자동차에 붙는
　　　　　　제조사의 이름) ○○산, ○○제

That's a nice bike — what's the name of the maker?
좋은 자전거인데 제조사의 이름이 뭐지?

• type[taip] 종류, 유형, 타입

There were so many different types of bread that I didn't know which to buy.
뭘 사야 할지 모를 정도로 너무나 다른 종류의 빵이 많이 있었다.

22 Coffee

악마의 유혹

> coffee[kɔ́ːfi, káfi/kɔfi]
> ① 커피, 커피색
> ② 커피가 나오는 다과회

새로운 커피 문화의 요람, 스타벅스

한 입 먹은 하얀 사과 모양의 불이 선명한 애플 컴퓨터를 들여다보며 열심히 작업을 하고 있는 젊은이들, 그 옆에는 사이렌이 그려진 빈티지풍의 초록색 로고가 선명한 스타벅스 커피 잔이 놓여 있습니다. 고급스런 분위기에서 내 취향에 맞는 커피를 마시며 무선 인터넷을 이용하여 노트북을 사용하는 모습은 이제 세계 어디를 가나 공통적으로 볼 수 있는 스타벅스의 풍경입니다.

오늘날 커피 문화의 대명사가 된 스타벅스. 이제 스타벅스는 커피를 파는 것이 아니라 문화를 판다고 해도 과언이 아닙니다. 젊은이들이 스타벅스를 찾는 목적은 단순히 커피를 마시거나 템블러를 구입하는 것에 그치지 않습니다. 고급스런 스타벅스 커피를 향유하는 사람들의 무리에 끼여 자신도 그런 사람으로 인정받고자 하는 것, 또 그럼으로써 그렇지 못한 사람들과 차별화되는, 즉 자신을 차별화시키려는 전략의 일환으로 스타벅스를 찾습니다. 피에르 브르디외Pierre Bourdieu, 1930-2002가 말하는 일종의 구별 짓기 행동이겠지요.

커피 문화의 고급화를 선도하며 새로운 문화의 요람이 된 스타벅스는 1980년대 시애틀에서 출발하였습니다. 이탈리아 여행에서 우연히 뇌리에 각인된 에스프레소 커피 향. 그 향을 잊지 못하던 스타벅스의 창업자 하워드 슐츠Howard Schultz는 시애틀에서 원두를 파는 작은 커피 가게를 인수하여 커피숍으로 바꾸고 영업을 시작합니다. 그것도 새롭고도 대담한 영업 전략을 가지고 커피를 팔기 시작했습니다.

우선 당시 한 잔에 50센트로 팔던 커피를 종이컵에 담아 6배나 비싼 3달러에 팔기 시작했습니다. 비싼 가격에 구색을 맞추려는 듯 메뉴판의 커피 이름을 모두 이탈리아어로 바꾸었고 매장은 유럽의 고급문화를 연상케 하는 갈색 톤으로 장식하며 벽면에는 예술적 가치를 갖고 있는 그림을 걸었습니다. 또한 고급스러운 재즈 음악을 엄선하여 들려주며 매장에 들어선 고객들의 후각을 진한 커피 향으로 자극하였습니다.

그런데 이와 같은 하워드 슐츠의 고급스런 영업 전략에 제일 먼저 빠져든 사람들은 다름 아닌 시애틀의 과학 기술자들이었습니다. 미 대륙의 서쪽인 태평양 연안 지방의 기후, 즉 비가 많이 오는데다가 밤이 길어 우울했던 시애틀 사람들. 특히나 빌 게이츠의 마이크로소프트사를 위시하여 세계 굴지의 IT 회사에 다니는 과학기술자들은 스타벅스의 출현에 환호를 보내며 열광했습니다. 소득 수준이 높고 지적인 그들은 이탈리아어에 거부감을 갖기는커녕 자신들의 지적 수준과 걸맞다는 생각을 하였습니다. 그러면서 스타벅스가 자신들의 지적 수준을 대변한다는 생각에 스스로 스타벅스를 찾음으로써 자신의 지위를 드러내려고까지 했습니다. 이러한 경향은 곧 유행이 되었고 문화로 정착되면서 미국 전역으로 더 나아가 세계로 번져가기 시작했습니다.

이제 스타벅스는 지구촌 곳곳으로 퍼져나가 현재 연간 매출 10조 원이상을 올리는 거대 다국적 기업으로 성장했습니다. 공정 무역 커피로 불리는 커피 문화 운동에 동참하면서 이미지 개선에도 성공한 스타벅스는 문을 연 지 30여 년 만에 창업자 하워드 슐츠를 세계 500대 부자의 반열에 올려놓았습니다. 아마도 당분간은 지구촌 어디에서나 흩뿌려지는 스타벅스의 진한 커피 향을 맡을 수 있을 것이라는 사실은 분명합니다.

양들이 알려준 커피

오늘날의 스타벅스가 있게 한 커피. 그 커피에 관한 최초의 기록은 15세기로 거슬러 올라갑니다. 당시 예멘에서 이슬람교 신비주의자를 지칭하는 수피 수도자들이 커피를 재배한 기록이 남아 있습니다. 그러나 커피에 관한 전설은 더 거슬러 올라가 850년경 에티오피아에 살았던 칼디Kaldi라는 양치기 소년과 연관된 것입니다. 그 내용은 이렇습니다.

양치기 소년 칼디는 늘 그랬듯이 어느 날 양떼를 몰고 들판으로 나갔다. 그런데 그날 밤 양들이 밤늦게까지 잠을 자지 않고 유난히 시끄럽게 울어댔다. 예전에도 몇 차례 이런 일들이 있어서 가만히 생각해 보니 양들이 어떤 나무의 빨간 열매를 먹고 나면 이런 일들이 벌어지는 것 같았다. 이런 생각이 들자 칼디는 자신이 직접 그 열매를 따서 씹어 보니 약간 흥분되며 기분이 좋아지는 것을 알게 되었다. 그래서 근처에 사는 수도승에게 그 열매를 보여 주며 이 사실을 알렸다. 하지만 수도승은 그것을 악마의 열매라고 하면서 화로불 속에 던져 버렸다. 그런데 불 속에 들어간 열매는 구워지면서 향긋한 냄새가 났다. 그러자 수도승은 생각을 바꾸어 이 열매를 갈아서 물에 타 마셔 보았다. 그랬더니 한밤중까지 정신이 또렷해지고 잠이 오지 않았다.

이 빨간 열매가 다름 아닌 커피였습니다. 이후 아랍인들은 그 열매를 건조하여 끓이는 방법을 생각해 냈고 그 끓인 물을 qahwe라고 불렀습니다. 16세기와 17세기 영어에 나타난 최초의 철자 chaoua, cauwa, coffa 등은 커피가 아랍어 qahwah에서 터키어 kahveh를 통해 영어에 유입되었음을 보여 주는 것입니다. 유럽 전역으로 퍼진 커피는 불어, 포르투갈어, 스페인어에서는 café, 이탈리아어로는 caffé, 독일어에서는 Kaffee, 네덜란드에서는 koffie, 그리고 영어에서는 coffee라는 명칭으로 쓰이게 되었습니다.

커피는 1100년경 에티오피아에서 아라비아 반도의 예멘 지역으로 옮겨져 경작에 성공합니다. 이슬람 수피 수도자들은 밤샘 기도를 할 때 커피를 마시면 무아지경에 빠져 신에게 더욱 가까이 갈 수 있다고 믿었습니다. 또 커피가 천연두와 홍역을 예방해 줄 수 있으며 최음제 효과도 있다고 믿고 있었습니다.

13세기에서 14세기경 커피는 아라비아를 거쳐 이집트와 터키로 전해집니다. 터키에서 처음으로 덮개가 없는 화로에 원두를 굽고 구운 원두를 분쇄하여 끓는 물에 우려내어 마시기 시작했는데 이것이 오늘날 커피 마시는 방법의 효시로 볼 수 있습니다. 또한 커피가 보급되고 인기를 끌면서 1475년 터키의 콘스탄티노플에 세계 최초의 커피하우스가 생겼습니다.

16세기 후반, 베네치아 상인들이 커피를 들여오기 시작합니다. 처음에는 커피를 악마의 음료라고 하면서 음용을 금지시켜야 한다고 했었지요. 그러나 커피가 여러 가지 질병을 치료할 수 있는 약으로 알려지면서 상류층을 중심으로 퍼져 나갔습니다. 1645년 이탈리아에서 유럽 최초로 커피점이 생길 정도로 커피 마시는 풍습은 빠르게 전파되고 있었습니다. 처음에는 커피를 구하기 어려웠기 때문에 궁정 사람들과 귀족들만을 위한 사치품이었으나 점점 대중화되어 일반인들도 즐겨 마시는 기호품이 되어

갔습니다.

17세기 런던과 파리에서 성황을 이룬 커피하우스

1650년 영국 옥스퍼드에 퀸스레인이라는 영국 최초의 커피하우스가 문을 열었습니다. 2년 후 런던에도 생기더니 18세기 초에는 런던에서만 3천여 개의 커피하우스가 성업이 될 정도로 커피의 인기는 대단했습니다. 초기의 커피하우스는 페니 대학이라고 불리기도 했습니다. 왜냐하면 신분과 지위 고하를 막론하고 1페니만 내면 입장이 가능했기 때문입니다.

커피하우스 안에는 테이블이 비치되어 있었고 그 위에는 각종 신문과 잡지가 구비되어 있었습니다. 손님들은 그 신문이나 잡지를 가져다 볼 수 있었습니다. 큰 테이블은 단체 손님들이 둘러 앉아 여러 가지 화제에 관하여 토론하는 데 사용되었습니다. 그러니까 커피하우스는 커피를 마시는 목적도 있었지만 다양한 부류의 사람들이 만나서 자유롭게 의사를 교환하고 정보를 수집하는 사교 장소였던 것입니다.

커피하우스의 이러한 특성을 사업에 잘 이용한 사람이 있었습니다. 그가 바로 다름 아닌 세계적인 보험회사, 로이즈 보험의 창립자 에드워드 로이드Edward Lloyd, 1688-1713입니다. 그는 1688년 말 커피하우스를 열었다가 1692년 항구에서 가까운 롬버드로 가게를 옮깁니다. 그리고 로이즈 커피하우스Lloyd's Coffee House라는 간판을 걸고 영업을 하면서 화물에 대한 정보 및 운송 일정에 대한 상세한 목록을 고객들에게 제공하였습니다. 항구에서 가까운 입지 조건이 유리하기도 했지만 런던의 보험업자들은 운송 보험을 팔기 위해, 또 상인들은 운송 일정을 확인하기 위해 로이즈 커피하우스로 모여들었습니다. 이렇게 선주와 보험을 받아주는 업자들의 모임 장소로서 사업이 번창하자 로이드는 보험 업무를 아예 따로 분리시킨 것이 오늘날 로이즈 보험회사의 모태가 되었습니다.

파리에서도 17세기 커피하우스가 등장하기 시작했습니다. 그 가운데 1686년에 생긴 카페 르 프로코프에는 디드로Denis Diderot, 1713-1784, 루소Jean-Jacques Rousseau, 1712-1778, 볼테르Francois-Marie Arouet Voltaire, 1694-1778, 뷔퐁Comte de Buffon, 1707-1788 등 계몽주의 사상가와 문인들이 드나든 것으로 유명합니다. 당시 프랑스의 카페는 문인과 사상가들에게는 토론의 장이었고 파리 시민들에게는 중요한 정보 교환의 장이었습니다.

세월과 함께 커피를 만드는 방법도 발달하여 커피의 종류도 다양해졌습니다. 커피에 우유를 섞은 우유커피를 이탈리아어로 커피라테라고 합니다. 이탈리아어로 우유가 latte이니까요. 이탈리아 사람들이 에스프레소에 따뜻한 우유를 섞어 아침에 마시는 커피입니다.

에스프레소는 9기압 정도의 높은 압력을 가하는 에스프레소 기계로 추출하였기 때문에 맛과 향이 아주 진한 커피입니다. 이렇게 진한 에스프레소에 정수된 뜨거운 물을 섞어 연하게 희석시킨 것이 아메리카노입니다. 이 에스프레소에다가 에스프레소 기계의 압축된 증기를 주입한 거품 우유인 스팀밀크, 이 두 가지를 기본으로 하여 휘핑크림, 어떤 시럽, 어떤 가루 등 어떤 것을 얹느냐에 따라 카푸치노, 캐러멜 마끼야또, 카페모카 등 다양한 커피가 만들어집니다.

지금은 사정이 좀 나아졌는지는 모르지만 하인리히 E. 야콥Heinrich Eduard Jacob, 1889-1967이 쓴 『커피의 역사』에 따르면, 2천만 명이 커피 관련 산업에 종사하고 있지만 수익의 대부분은 다국적 커피 기업과 중간 상인들이 가져간다고 합니다. 그리고 진짜 직접 커피를 생산하는 사람들은 열다섯 미만의 어린이들인데 그들은 저임금과 노동착취에 시달리고 있다는 것이지요. 말하자면, 스타벅스 한 잔이 5,000원이라고 하면 고작 이들에게 돌아가는 것은 25원 정도밖에 되지 않습니다.

이와 같은 사실이 알려지면서 커피 생산 농가에 정당한 수익을 되돌려 주려는 움직임이 전개되었습니다. 공정무역도 그중 하나인데 그것은 아동의 노동착취를 근절시키고 그들에게 최소한의 정당한 대가를 돌려주자는 겁니다. 이러한 공정무역 운동이 우리나라에서도 확대되어 가고 있는 것은 그나마 다행스러운 일입니다. 아무리 카페가 운치 있고 커피가 좋다고 한들 그것을 제공한 사람들에게 땀의 대가를 제대로 치르지 않고 있다는 생각이 들면 은은한 커피 향과 커피 맛을 제대로 음미할 수 있을까요.

a(=on, 위에, ~ 중에)

aback[əbǽk] <a+back> 뒤로, 역풍으로서
aboard[əbɔ́ːrd] <a+board> 배를 타고 있는, 승선한
abroad[əbrɔ́ːd] <a+broad> 해외로, 집 밖으로
afloat[əflóut] <a+float> 물 위에 떠서
aloof[əlúːf] <a+loof> 떨어져, 초연하게

▶같은 듯 같지 않은 단어들

- cafe[kæféi] (가벼운 식사, 케이크, 음료 등을 먹을 수 있는) 카페
  There's a little cafe on the corner that serves very good coffee.
  길모퉁이에 아주 맛있는 커피를 파는 작은 카페가 있다.

- cafeteria[kæfitíəriə] (대학이나 큰 건물 구내에 셀프서비스를 포함하여
  식사가 제공되는) 카페테리아
  We usually have lunch at a cafeteria.
  우리는 보통 카페테리아에서 점심을 먹는다.

- wine bar[wain bɑːr] (포도주를 잔으로 팔며 식사도 제공되는) 와인바
  A wine bar is a bar or small restaurant which serves mainly wines.
  와인바는 주로 와인을 마실 수 있는 작은 레스토랑이나 술집을 말한다.

23 Symposium

와인 바의 모임

> symposium[simpóuziəm]
> ① 토론회, 좌담회, 연찬회
> ② 평론집, 논집
> ⓪ 주연, 향연

술의 신, 디오니소스

그리스 신화에서 디오니소스와 아폴론은 뚜렷하게 대비되는 모습으로 그려지거나 또 그렇게 형상화될 만한 특별한 사건을 저질렀던 신들이 아닙니다. 그런데도 후대에 오면서 이 둘은 서로 정반대의 성격을 띤 대조적인 신으로 여겨지게 됩니다. 이렇게 상반되는 성격의 신으로 내세워진 것은 니체Friedrich Wilhelm Nietzsche, 1844-1900의 주장에서 시작되었다고 볼 수 있습니다. 그는 1872년 그의 처녀작인 『비극의 탄생Die Geburt der Tragödie』에서 그 점을 언급하였는데, 우선 아폴론과 디오니소스에 대하여 알아본 후 니체의 설명을 보기로 하겠습니다.

아폴론은 그리스 신화에 나오는 태양의 신이며 예언의 신입니다. 또 빛, 의술, 궁술, 음악, 시의 신입니다. 그는 제우스와 레토 사이에서 태어난 아들이어서 아르테미스와는 남매지간이 되는 것이지요. 그의 상징물은 월계수와 리라, 활과 화살, 백조, 돌고래입니다. 보통 아폴론은 신화 속에서 훤칠한 키에 준수한 미남으로 그려지면서 남녀 간의 사랑 이야기를 많이 만들어 냅니다. 또 전령의 신 헤르메스가 선물로 준 리라를 연주하고 활을 잘 쏘는 것으로도 묘사되고 있습니다.

디오니소스 역시 그리스 신화에 자주 등장하는 신이지만 아폴론과 여러 가지로 대비되는데 우선 그는 특이하게도 술의 신입니다. 로마 신화에서는 그를 바쿠스라고 부르는데 술을 만드는 포도나무의 싹이라는 뜻이지요. 디오니소스라는 그리스 이름은 어머니가 둘이라는 뜻입니다. 디오니소스는 신들의 왕 제우스와 테베의 공주인 세멜레 사이에 태어났는데 그 내용은 이렇습니다.

바람둥이였던 제우스가 세멜레에게 눈길을 주기 시작하자 제우스의 아내인 헤라는 세멜레를 질투한 나머지 계략을 꾸밉니다. 헤라는 세멜레에게 제우스를 시험해 보라고 말합니다. 시험인즉슨, 헤라에게 제우스가 처음 접근할 때와 똑같은 모습으로 세멜레에게도 나타나 줄 수 있는가를 검증하는 것이었습니다. 이에 따라 세멜레는 제우스에게 그렇게 해 달라고 간청합니다. 세멜레에게 어떤 소원이라도 들어 주기로 약속한 제우스는 할 수 없이 번개의 모습으로 세멜레 앞에 나타나지요. 그러자 세멜레는 그 자리에서 타죽었습니다.

그때 세멜레는 이미 디오니소스를 잉태하고 있었습니다. 그 사실을 알고 제우스는 세멜레의 뱃속에서 디오니소스를 꺼내어 자신의 넓적다리에 넣고 열 달을 키웠습니다. 이렇게 달을 다 채우고 디오니소스가 태어나자 제우스는 님프에게 그를 맡겼습니다.

이 사실을 알게 된 헤라는 가만히 있지 않았습니다. 디오니소스를 미치광이로 만들어 유럽과 아시아 지역을 떠돌아다니게 했지요. 불행 중 다행인 것은 그가 프리기아 지방을 떠돌 때 제우스와 헤라의 어머니인 레아가 손자 디오니소스의 미치광이 병을 치료해 줍니다. 그는 그 후 이집트를 거쳐 시리아 그리고 인도까지 옮겨 다니면서 포도 재배법, 포도주 담그는 법, 그리고 포도주를 마시고 무아지경에 이르는 종교 의식을 전파시켰다고 합니다.

그런데 술의 신 디오니소스에 대한 의식은 열광적인 신 내림의 상태를 수반하는 것으로 알려져 있습니다. 그리스 시대 이전에는 여성들이 담쟁이덩굴을 감은 지팡이를 흔들면서 어지럽게 춤을 추고 제물로 바친 동물을 때려죽이는 등 광란의 의식을 거행하며 신을 숭배하였습니다. 그러나 이 의식이 그리스로 전해진 이후 숭배 의식은 좀 순화되었고 더구나 디오니소스의 제례에서 연극이 발생했다는 점은 매우 괄목할 만한 사실입니다. 로마 시대에도 이 의식은 지속되었고 점차 신비스러운 종교 행사의 성격이 짙어졌습니다.

디오니소스적인 것과 아폴론적인 것

앞서 언급한 니체로 돌아가 보면, 그는 자신의 저서 『비극의 탄생』에서 이렇게 언급하고 있습니다. 먼저, 그는 그리스의 비극 작가 아이스킬로스Aischylos, BC 525-BC 456나 소포클레스Sophocles, BC 496-BC 406의 여러 작품을 검토하고 그것을 통하여 그리스 고전 비극의 성립과 성격 그리고 나아가 예술의 본질을 규명하고 있습니다. 그의 주장에 의하면 예술의 본질은 만물이 근원적으로 갖추고 있는 하나의 본질로 돌아가기를 바라는 디오니소스적인 것, 그리고 개체의 개별 존재를 아름답게 표현하고자 하는 아폴론적인 것, 그 두 개가 서로 대치되면서도 조화를 이루는 것이라고 하였습니다. 이에 따라 예술 활동이란 단지 인간에게 국한된 것뿐만 아니라 자연의 근원에서 유래하는 것이며 그것의 증거가 바로 도취와 꿈의 현상이라는 겁니다. 즉, 도취되어 즐기는 음악적인 것은 디오니소스적인 것이고, 또 실현시켜야 할 꿈은 아폴론적인 것인데 이 원리를 융합하고 예술적으로 승화시킴으로써 고통으로부터 구제될 수 있다고 하였습니다.

그런데 양자를 놓고 보면 비현실적인 꿈처럼 영원불멸의 정점에 있는 아폴론보다는, 있는 그대로의 현실 속에 도취되는 디오니소스가 더 가깝게 느껴질 수도 있습니다. 삶을 있는 그대로 받아들이고 혼란스러운 부분까지도 모두 포용하는 풍요의 신, 디오니소스는 밤, 폭력, 그리고 병과 죽음까지도 받아들입니다. 즐거운 비관주의가 디오니소스의 철학인 겁니다. 디오니소스 옆에 등장하는 포도주 또한 디오니소스적인 것입니다.

그리스 사람들은 포도주를 신이 내린 술이라고 생각했습니다. 포도주를 먹고 취하면 신을 느낄 수 있다고 믿었던 것입니다. 취해서 신을 만나 현실의 고통을 잊게 된다는 것이겠지요. 이렇게 이어지니 고대 시대 억압 받던 사람들에게는 디오니소스의 종교 의식이 고통에서 벗어나는 탈출구였고 그래서 그 후에 디오니소스 종교 의식은 축제로 발전했던 것입니다.

심포지엄에서 마시는 술, 와인

이것과 연관된 것이 고대 그리스 시대의 심포지엄인데 당시에는 머리에 꽃을 달고 몸치장을 한 귀족들이 누운 채로 노예에게 자신의 발을 씻게 하는 풍습이 있었습니다. 특히 세족 도중에 자기네끼리 한담을 나누며 포도주를 마시는 축제를 심포지엄이라고 하였는데 그 어원을 살펴보아도 그런 의미가 그대로 들어 있습니다. 그리스어로 sympósion은 함께 한다는 의미의 sym-과 마신다는 의미의 posis가 결합된 낱말입니다. 이것이 라틴어 symposium으로 바뀌어 drinking party, 즉 향연의 뜻으로 쓰인 겁니다. 이와 같은 향연의 예는 플라톤Plato, BC 428-BC 348의 저서 『대화The Symposium』의 제목에서도 볼 수 있습니다. 그 내용인즉슨 비극 시인 아가톤Agathon의 집에서 있었던 이상적인 사랑과 그 본질에 관하여 토론했던 모임이었기 때문입니다.

이런 이유로 18세기 이전까지 영어 단어 symposium은 고대 그리스인들의 사교 모임을 뜻하는 어휘로 사용되었습니다. 그러다가 18세기에 들어 런던 사교계에 symposium이라는 사교클럽이 생겼습니다. 19세기에는 사교적 의미가 퇴색되고 일정 수준의 형식을 갖춘 모임을 뜻하더니 급기야 오늘날의 symposium은 전문가 패널들이 참여하는 토론회를 가리키게 되었습니다.

아무튼 이제는 심포지엄에서 포도주를 마시며 사교적인 대화를 나누는 광경을 볼 수 없게 되었습니다. 그건 그렇고, 디오니소스가 포도주를 만들었다는 신화 내용을 그대로 믿는 것은 아니겠지요. 아마도 누군가가 오랫동안 포도를 방치하고 잊었다가 그것이 술로 변한 것을 발견하였고 그러한 사실로부터 시작되어 포도주를 인위적으로 만들 수 있게 되었을 겁니다. 인류가 포도주를 마셔온 기간은 8000년이 넘는 것으로 추정하고 있습니다. 포도주를 담아 놓는 항아리가 발명된 시점을 역산하여 추정한 것인데 가장 오래된 포도주 용기는 러시아, 이란, 터키 등 세 나라의 국경 지방인 코카서스 산맥의 슐라베리Shulaveri에서 발견되었습니다. 현대적인 장비로 조사해 본 결과, 항아리 속의 잔재는 기원전 6000년 전의 타타르 산 형태의 포도주 찌꺼기인 것으로 밝혀졌습니다. 이란의 자그로스 산맥에 있는 하지 피루즈Hajji Firuz에서도 연대가 비슷한 포도주 항아리들이 출토되었습니다.

본격적인 포도나무 재배는 기원전 5000년경 유목민들이 카스피 해와 흑해 사이의 소아시아 지방에 정착하면서 시작되었고 포도주 또한 제조되었을 것으로 보고 있습니다. 그 이후, 고대 이집트와 바빌로니아 지방에서도 포도주를 만들어 마신 것이 확인되었고 이어 지중해 연안으로 포도나무 재배 지역이 확산되면서 포도주를 만들어 마시는 풍습은 남부 유럽의 전역으로 펴졌습니다. 다시 말하면 고대 로마에서 시작된 포도 재배는 로마의 피정복지였던 프랑스, 스페인, 독일 남부까지 전파되어 결과적으로 지역 특성에 따른 다양한 포도주 종류가 나오게 되었습니다.

　　로마제국이 멸망하면서 한때 포도주 생산이 위축되기는 했지만 포도주는 교회 미사에 필요했기 때문에 수도원을 중심으로 포도주 제조의 전통은 명맥을 이어갈 수 있었습니다. 또한 수도원은 미사에 사용하고 남는 포도주를 사람들에게 내다 팔았고 그렇게 얻은 자본은 다시 재투자됨으로써 포도주 제조법을 더욱 발전시켜 근대 와인 산업의 기틀을 마련해 주었습니다.

sym, syn(=together, 함께; same, 같은)

symmetric[simétrik] <sym + metr(=measure) + ic(=pertaining to~)> 대칭적인

symptom[símptəm] <sym + pt(=fall) + om(=condition)> 징후, 조짐

synchronize[síŋkrənàiz] <syn + chron(=time) + ize(=to make)> 동시에 일어나다

syndicate[síndikit] <syn + dic(=judgement) + ate(=making)> 기업연합, 신디케이트

synthesis[sínθəsis] <syn + thes(=put) + sis(=condition)> 합성, 종합, 통합

▶같은 듯 같지 않은 단어들

• comment[kɑ́ment] (어떤 상황이나 문제에 관하여 의견을) 말하다, 피력하다

The official refused to comment on the matter.
그 공직자는 그 문제에 관하여 말하기를 거부하였다.

• mention[ménʃən] (긴 시간은 아니라 잠깐) 언급하다, 말하다

My wife mentioned seeing you the other day.
내 아내는 일전에 너를 만난 것에 관하여 이야기했다.

• remark[rimɑ́ːrk] (격식을 차리지 않고 편하게 소견을) 말하다

Dr Johnson once remarked "When a man is tired of London, he is tired of life."
존슨 박사는 예전에 "런던이 싫증났다면 그 사람은 삶에 지친 것이다."라고 말했다.

24 Circus

공연용 둥근 무대

circus[sə́ːrkəs]
① 곡예, 서커스, 곡마단
② 곡마장, 경기장
③ 인현광장
④ 구경거리

하늘은 둥근 덮개

고대인들은 둥근 것을 좋아했습니다. 둥근 모양이 자연스럽고 완전한 것이라고 생각했기 때문이지요. 특히나 중국인들은 하늘이 둥글고 땅은 네모난 모양이라는 생각, 즉 천원지방天圓地方의 천지관을 갖고 있었습니다. 이것은 고대 중국의 수학 및 천문학 관련 문헌인『주비산경周髀算經』에 실려 있는데 "모난 것은 땅에 속하며, 둥근 것은 하늘에 속하니, 하늘은 둥글고 땅은 모나다"라고 되어 있습니다. 이 말은 비단 주비산경뿐만 아니라 고대 중국의 여러 문헌에서도 많이 발견됩니다. 이와 같은 하늘과 땅에 관한 생각은 전근대 시기가 지날 때까지 동아시아 사회에서 하늘과 땅의 모양에 관한 통설로 받아들여지고 있었습니다.

그런데 은연중에 천지관이 반영되어 있는 어휘가 있습니다. 안 해도 되는 쓸데없는 걱정을 의미하는 바로 기우杞憂라는 단어인데 원래는 기인지우杞人之憂의 준말로서『열자列子』의 천서편天瑞篇에 실려 있는 고사성어입니다. 하늘이 무너지고 땅이 꺼지면 몸 둘 곳이 없어지기 때문에 그것을 걱정하며 식음까지 전폐하고 몸 져 누웠던 중국 기杞나라 사람의 걱정거리라는 뜻입니다. 그 기나라 사람은 하늘을 받치는 기둥이나 벽 같은 것이 없으니 하늘이 내려앉을까 몹시 걱정이 되었을지도 모릅니다.

어찌 보면 그런 생각이 고대인들에게는 보편적인 것일 수도 있습니다. 왜냐하면 영어 어휘 heaven도 덮개라는 의미이니까요. 영어에 하늘을 뜻하는 어휘로는 heaven과 sky가 있습니다. heaven은 원래 덮개라는 의미를 가진 그리스어 kamára에서 유래되었습니다. 이것이 중세시대를 거치며 신이 거주하는 천국이라는 의미로 통용되었습니다. 그에 비해 sky는 고대 노르웨이어에서 영어로 유입되었는데 원래는 구름cloud 또는 덮개cover의 의미였습니다. 이런 사실을 생각하며 창공을 올려다보면 푸른 하늘은 우리가 살고 있는 세상을 덮고 있는 둥그런 덮개같이 보이기도 합니다.

또한 일본인들도 둥근 것을 선호하였습니다. 일본의 와和가 바로 그것인데 일본인 작가 이자와 모토히코는 그의 저서 『역설의 일본사』에서 일본 사람들은 와의 신자라고 말했습니다. 그의 설명에 따르면 와는 원래 일본어로 같은 발음이 나는 환環이었다고 합니다. 환은 원이며 영어의 서클circle, 즉 동그라미입니다. 이것은 나아가 그룹을 이루는 사람들과 화합하는 정신을 의미하는 것이지요.

둥근 것이 이상적인 것

원을 좋아 하는 것은 서양에서도 마찬가지였습니다. 서양의 고대 유적지에서 빼놓을 수 없는 것 중 하나가 바로 원형 경기장입니다. 왕과 귀족들이 앉게 되는 한 면을 제외하고 삼 면에 계단식 좌석을 만들어 놓은 대형 원형 경기장을 circus maximus라고 하였습니다. 서커스circus라고 하면 우리는 광대와 줄타기를 주로 하는 곡예사, 그리고 훈련된 동물들이 등장하여 재주를 보여 주는 곡마단을 떠올립니다.

그러나 원래 circus의 의미는 그들이 공연하는 원형 무대를 가리키는 말이었습니다. 그 옛날 그리스인들과 로마인들은 크든 작든 원형 무대를 만들고 그 위에서 벌어지는 공연을 즐겼던 것이지요. 원형 무대를 뜻하는 circus는 그리스어 kirkos에서 유래되었습니다. 그런데 14세기 초서Geoffrey Chaucer, 1343-1400가 쓴 글에 등장하는 circus라는 어휘는 벌써 오늘날의 의미인 고리ring, 원circle이라는 의미로 사용되고 있었다는 사실을 보여 줍니다.

둥근 원을 이상적인 도형으로 생각하다 보니 고대 그리스의 철학자 아리스토텔레스는 행성의 궤도가 원이어야 한다고 생각했던 모양입니다. 이러한 아리스토텔레스의 생각은 프톨레마이오스Ptolemeos, 100?-170?에게 전수되어 그 역시 지구가 온 우주의 중심이며, 태양이 지구의 주위를 원의 궤적을 그리며 돌고 있다고 주장했지요. 즉, 지구를 중심으로 그 바깥에 행성과 태양이 있는 천구가 있다고 주장했습니다. 또 더 바깥에 항성이 있는 천구가 있고 그 바깥에 신이 있다고 생각했습니다. 지금은 누구나 지구가 태양의 주위를 돈다는 지동설을 믿고 있지만 불과 500년 전 만해도 의심할 바 없이 천동설을 믿고 있었던 이유는 무엇일까요.

사람들은 눈으로 보는 것을 확실하다고 믿는 경향이 있습니다. 그런데 착시 현상이기는 하지만 누구나 태양의 움직임을 매일매일 볼 수 있기 때문에 태양이 움직이는 것을 의심 없이 믿게 되었습니다. 눈에 비치는 것만으로 판단하면 마치 태양과 달은 지구 주위를 돌고 있는 듯 보입니다. 물론 천동설이 제기된 초기에 행성의 밝기가 달라진다든지 또는 일부 행성이 거꾸로 움직이는 것에 관한 문제가 제기되기도 했습니다. 그러자 프톨레마이오스는 개별 행성이 갖는 그 자체의 공전 궤도, 즉 주전원의 개념을 도입하였고 각각의 주전원에 따른 부수적 중심, 즉 이심이 많이 존재한다는 가설을 세워 문제가 되는 것들을 억지로 천동설의 체계에 꿰어 맞춰 놓았습니다.

그러나 천문학이 발달하며 더욱 정확한 관측이 가능해지자 천동설의 틀린 부분들이 드러나게 되었고 이것을 억지로 꿰어 맞추기 위해 점점 더 많은 주전원과 이심이 필요하게 되었습니다. 일식과 월식에 관한 천동설의 설명 또한 억지 주장이 되어 가고 있었습니다. 바로 이 시기에, 목숨이 위태로울 수도 있는 위험을 무릅쓰고 지동설을 들고 나온 사람이 바로 폴란드 출신의 신부이자 천문학자인 코페르니쿠스Nicolaus Copernicus, 1473-1543입니다.

그는 눈에 보이는 것에 의존하는 천동설로는 도저히 행성의 궤도와 운동을 명쾌하게 설명할 수 없다는 사실을 깨달았습니다. 그래서 그는 신이 창조하였기 때문에 당연히 지구가 우주의 중심이라는 신학적 발상을 버리고 우주의 중심은 태양이어야 한다는 생각을 하게 됩니다. 이러한 발상의 전환은 천년 이상 지속되어 온 신 중심의 틀을 뒤엎는 것이기에 당시의 종교계는 물론이고 학문과 사상 전반에 걸쳐 엄청난 파장을 몰고 왔습니다. 하지만 후대인들은 코페르니쿠스의 획기적인 인식 전환이 학문 발전에 기여한 공로를 인정하고 있습니다. 이로 인해 모든 분야에서 기득권의 구태를 버리고 과감한 발상의 전환을 택할 때 그의 이름에서 비롯된 용어, 즉 코페르니쿠스적 발상이라고 추켜세우게 된 것이지요.

사실 둥근 것과 연관시키자면 왕관을 뜻하는 영어 낱말 crown도 빼 놓을 수 없습니다. 그리스어 koronos는 형용사로서 굽은 곡선의 뜻을 갖는 어휘인데 그것은 라틴어 curvus와 같은 부류의 낱말입니다. 아무튼 그리스어 korone로부터 둥근 화환이라는 의미를 갖는 라틴어 어휘 corona가 파생되었습니다. 그것이 고대 불어 corone가 되었고 이것이 coroune 형태로 14세기쯤 영어에 들어오게 됩니다. 하지만 그 이전에 이미 coronan이란 어휘가 왕관이라는 의미로 사용되고 있었습니다. 그와는 별개로 왕관을 씌워 주다는 뜻의 라틴어 동사 coronare로부터 영향을 받아 crown 자체도 동사의 의미가 생겼고 그것의 명사 의미, 즉 왕관을 씌워주는 의미를 갖는 coronation대관식이 파생되었습니다. 그런데 노란 동그라미가 왕관처럼 보여서 그럴까요, corona에는 일식이나 월식 때 볼 수 있는 천체 현상, 즉 태양의 가장자리만 빛나기 때문에 미치 빛의 고리처럼 보이는 현상인 코로나, 즉 광환의 의미도 있습니다.

반드시 둥글지 않아도

둥근 것을 선호한 나머지 하늘에서 움직이는 천체의 운행 궤도마저 둥글다는 확신. 오랫동안 천문학의 발전을 가로막으며 영구불변할 것 같은 이 주장은 케플러Johannes Kepler, 1571-1630의 등장으로 깨어지기 시작했습니다. 기존 천문학의 견고한 장벽을 허물어 버린 케플러는 독일 슈투트가르트 지방 출신으로 낮에는 점성술사였고 밤에는 천문학을 연구한 것으로 알려져 있습니다. 그는 튀빙겐 대학에서 신학을 배울 때 지동설을 접했던 것으로 알려져 있습니다. 신교도였던 그는 후에 종교 탄압을 피해 프라하로 갔다가 거기서 덴마크 출신의 천문학자인 티코 브라에를 만나 되는데 이것이 생애 전환점이 되었습니다. 두 사람은 의기투합하여 공동 연구를 하게 되는데 돌연 티코 브라에가 세상을 떠나게 되면서 케플러는 티코 브라에가 평생에 걸쳐 이루어 놓은 화성 관측 결과까지 물려받게 됩니다. 케플러는 그 내용을 정리하고 발전시켜 마침내 그는 태양계 행성은 태양을 중심으로 타원 궤도를 그리며 공전한다는 케플러의 법칙을 발표하게 됩니다.

케플러는 행성의 공전 궤도가 원이어야 한다는 종전의 주장을 뒤집었을 뿐만 아니라 어원상으로도 기존의 통상적인 의미를 바꾸어 놓았다고 할 수 있습니다. 케플러가 원을 일그러뜨려 타원으로 바꾸어 놓은 이후 circus의 의미도 획기적으로 변합니다. 그 예가 바로 전류가 흐르는 회로, 즉 circuit입니다. 출발하여 다시 출발점으로 되돌아가는 원이 아니라 이 제는 움직여 나아가는 직선 방향을 의미하게 된 것이지요. 예를 들어 지 역을 돌아다니는 순회 판사를 뜻하는 circuit judge, 순회 목사 circuit rider 등도 그것에 해당하는 예라고 할 수 있습니다.

전기 회로는 필요한 장소에 동력원으로서 전기를 보내주는 수송로입 니다. 비유하자면 우리 몸 곳곳으로 필요한 영양분과 산소를 갖고 있는 혈액이 지나가는 혈관인 셈이지요. 산업혁명을 전후로 급격히 도시화가 진행된 영국의 대도시들은 농촌에서 일거리를 찾아 유입된 사람들로 북 적거렸습니다. 낯선 사람들이 좁은 공간으로 몰려들어 도시의 뒷골목은 범죄 발생률이 높은 우범지역으로 변해 버렸습니다. 밤이 되면 위험성은 더욱 켜졌고 사람들의 불안감은 고조되었습니다.

이러한 상황에서 도시의 치안 문제를 다소나마 해결해 준 것이 바로 가 로등이었습니다. 그러나 거리의 가로등이 오늘날 우리가 생각하는 환한 가로등과는 거리가 멀었습니다. 런던 시가지에 약 일만 오천여 개의 램프 가 설치된 것은 18세기 중엽이었습니다. 그것도 저녁 6시부터 11시까지 만 불을 밝혔고 그렇다고 해도 램프 불빛은 너무나 어두웠습니다. 그래 서 19세기에 들어 램프 가로등은 좀 더 밝은 가스등으로 교체되었습니다. 1812년 런던 최초로 가스회사가 등장하면서 가스등은 빠르게 보급되었 고 그 결과 1860년대에는 주요 도로에 가스등이 완비되었습니다.

이러한 가스등은 19세기 후반과 20세기 전반에 걸쳐 전구로 교체됩니 다. 전기를 생산하는 발전기와 전구의 발명, 그리고 기타 획기적인 기술 발전에 힘입은 결과이지요. 이로 인해 도시의 밤은 낮으로 변했습니다. 이것은 단순히 밤을 밝히는 조명 시설의 변화가 아니라 사람들의 생활 패턴을 급속도로 바꾸어 놓음으로써 한 단계 더 발전된 문명으로의 진입을 알리는 것이었습니다.

circum(=around, 둘레에, 주위에)

circuit[sə́ːrkit] <circu(m)+it(=to go)> 순회, 일주, 우회

circulate[sə́ːrkjəlèit] <circu(m)+lat(=to bring)> 순환하다, 유통하다

circumlocution[sə̀ːrkəmloukjúːʃən] <circum+locution(=a way of speaking)>
완곡한 표현

circumscribe[sə̀ːrkəmskráib] <circum+scrib(=to write)> 둘레에 선을 긋다,
제한하다

circumspect[sə́ːrkəmspèkt] <circum+spect(=to look)> 신중한, 용의주도한

▶같은 듯 같지 않은 단어들

• big[big] (보통 구어체에서 중요한 것이나 정도를 강조하며) 큰, 대단한

There's a big difference between starting up a business and just talking about it.
사업을 시작하는 것과 단지 그것에 관해 이야기하는 것 사이에 큰 차이가 있다.

• great[greit] (중요한 사람이나 사물을 강조하며) 큰, 위대한

A great crowd had gathered outside the President's palace.
엄청난 군중이 대통령궁 바깥에 모였다.

• large[lɑːrdʒ] (big에 비하면 문어체적으로) 큰

Who lives in that large house at the end of the road?
길 끝에 있는 저 큰 집에는 누가 살고 있습니까?

25 Animation

살아 움직이는 그림

[
animation[æ̀nəméiʃən]
① 생기, 활기
② 만화 영화, 애니메이션
]

움직이는 만화, 애니메이션

2013년 겨울을 뜨겁게 달구었던 애니메이션 영화 <겨울 왕국>. 남녀노소를 불문하고 전 세계적으로 영화팬들은 디즈니가 만든 만화 영화에 매료되었고 <겨울 왕국>의 인기에 힘입어 OST였던 <Let it go>는 그 후 오래도록 방송 전파를 탔습니다.

애니메이션, 즉 만화 영화라고 하면 우리나라의 장년층 사람들은 어린 시절 즐겨 보았던 <우주 소년 아톰>을 떠올릴 겁니다. 그야말로 공전의 히트에 힘입어 <로봇 태권브이> 등 아류작들을 줄줄이 이끌어 낸 로봇 만화의 신기원을 열었던 작품인데 알려진 바대로 <우주 소년 아톰>은 일본 애니메이션의 선구자인 데츠카 오사무手塚治蟲, 1928-1989의 SF 만화 <철완 아톰>이 원작이었습니다. 데츠카는 이 원작을 일본 최초로 텔레비전 버전으로 바꾸어 시청률 40%를 웃도는 선풍적인 인기를 누렸습니다.

원래 일본은 일본 만화, 즉 망가漫畵의 나라입니다. 역사로 보나 구독률로 보나 우리나라와는 비교가 안 될 정도로 망가에 대한 열기는 대단합니다. 그런데 TV가 등장하면서 새로운 형태의 장르가 추가되었습니다. 그것이 바로 움직이는 만화, 즉 아니메ｱﾆﾒ입니다. 물론 애니메이션의 일본식 어휘이지요. 아니메는 하나의 동작을 24분의 1의 부분 동작으로 나누어 그린 후, 그 그림을 한 장먼씩 순차적으로 촬영하여 상영하는 겁니다.

그런데 이러한 아니메가 TV도 TV이지만 아예 영화관 상영을 목적으로 한 대작으로 만들어지기도 합니다. <이웃집 토토로>, <원령 공주>, <바람계곡의 나우시카> 등으로 우리에게도 잘 알려진 미야자키 하야오宮崎駿. 그는 환갑의 나이에 <센과 치히로의 행방불명>을 제작하여 2001년 여름, 2천만 명 이상의 관람객을 동원하는 흥행기록을 세웁니다. 그리고 그는 <센과 치히로의 행방불명>으로 베를린 영화제에서 애니메이션으로는 처음으로 금곰상을 수상합니다. 게다가 아카데미상도 받았는데 장편 애니메이션 부문 오스카상을 거머쥐었습니다.

장편 만화 영화의 산실, 월트 디즈니

그런데 이러한 애니메이션 영화를 볼 때면 적잖은 격세지감을 느끼곤 합니다. 오랫동안 아이들의 전유물이었던 만화. 그러한 만화에 어른들까지도 열광하리라고는 아무도 예상치 못했을 겁니다. 그것도 두 시간 넘게 상영되는 영화를 만화만으로 만든다는 것. 그것은 누구도 예상치 못했던 일이었을 텐데요, 실패를 무릅쓴 무모한 도박에 과감히 뛰어든 것은 바로 월트 디즈니Walt Elias Disney, 1901-1966였습니다. 그는 일리노이 주 시카고에서 태어나 18세가 되던 해, 캔자스시티에서 만화로 구성되는 CF 제작을 하면서 근근이 생계를 이어가다가 만화 영화에 눈을 돌리게 되었습니다. 그러나 그 길은 멀고도 험난했습니다. 이럭저럭 사업을 꾸려 나가던 그는 형제인 로이와 함께 할리우드로 가서 회사를 차리고 본격적으로 만화 영화 제작에 들어갔습니다.

그들은 처음에 미키마우스를 주인공으로 한 최초의 무성 만화 영화 2편을 만들었으나 세간의 반응은 시큰둥했습니다. 그런데 <스팀보트 윌리 Steamboat Willie, 1928>에 미키마우스의 목소리와 사운드 트랙을 넣은 것이 관객의 호응을 얻어 내면서 성공을 거두게 됩니다. 곧이어 월트 디즈니는 1933년 <아기돼지 삼형제>를 내놓아 경제 공황의 고통에 시달리던 미국 국민들에게 잠시 위안거리를 제공해 주었습니다.

하지만 뭐니뭐니 해도 월트 디즈니에게 부와 명성을 안겨준 것은 1937년에 내놓은 최초의 장편 만화 영화 <백설 공주와 일곱 난쟁이>입니다. 이 작품은 평론가들로부터 대단한 호평을 받았을 뿐만 아니라 관객들에게도 큰 호응을 얻었습니다. 첫 흥행에서 800만 달러의 수입을 올리는 그야말로 대박이었습니다. 그러나 <백설 공주와 일곱 난쟁이>가 상영되기 이전까지만 해도 이와 같은 성공을 예상한 사람은 아무도 없었습니다. 3년 정도의 제작 기간 동안 대략 200만 달러의 제작비용이 들었는데 당시만 해도 투자가들은 장래가 불투명한 이 만화 영화에 투자하기를 꺼렸습니다. 왜냐하면 어느 누구도 1시간이 넘는 장편 만화 영화를 보러오지 않을 것이라고 생각했기 때문이지요. 하지만 월트 디즈니는 명성의 추락과 회사의 파산을 무릅쓰고라도 자신의 꿈을 추구하기로 결정했던 것이지요. 마침내 그의 꿈은 실현되었고 <백설 공주와 일곱 난쟁이>는 그 후 흥행몰이를 계속하면서 미국 역대 영화 흥행수입의 베스트 50에 들어가는 기록을 세웠습니다.

친구와 내기에서 시작된 영화 기술

앞서 얘기한 대로 애니메이션의 원리는 하나의 동작을 스무 개가 넘는 부분 동작으로 쪼개어 그려서 그것을 연속적으로 이어지게 만드는 것입니다. 그렇게 하면 그림이 마치 살아서 움직이는 것처럼 보이게 되는데 이것이 바로 영화의 원리입니다. 그런데 오늘날 젊은이들의 세계에서 엄청난 영향력을 갖게 된 영화. 그 영화 기술은 정말 우연한 기회에 세상에 등장하게 됩니다. 영화 기술과 관련된 주인공은 바로 돈을 벌어들이는 데 있어서 일가견을 갖고 있었던 스탠포드 대학교의 설립자 리랜드 스탠포드 Leland Stanford, 1824-1893였습니다.

뉴욕 주 출신인 그는 1861년 캘리포니아 선거에 출마하여 주지사로 선출됩니다. 그러던 중 센트럴 퍼시픽 철도의 사장을 역임하였고 또 몇몇 철도 건설회사에 투자하여 주주가 되었다가 1869년 철도가 완성된 후에는 경영에 전념하여 엄청난 부자가 됩니다. 이에 만족하지 않고 그는 경제 활동의 영역을 넓혀가더니 1885년부터 90년까지는 서던 퍼시픽 철도까지 경영하게 되었습니다. 미국의 부자들이 그러하듯이 스탠포드 자신도 모은 재산을 남을 위해 써야 한다는 생각에 1885년 스탠포드 대학을 설립하였습니다. 미국 사람들이 말하는 '동부에 하버드 대학이 있다면 서부에 스탠포드가 있다'라는 말처럼 그가 세운 스탠포드 대학은 오늘날 세계적 명성을 갖고 있는 우수한 교육기관이 되었습니다.

이러한 내력의 소유자였던 스탠포드가 한 번은 친구와 내기를 하게 되었습니다. 그들의 내기인즉슨, 말이 달릴 때 말의 네 발이 동시에 땅에서 떨어지는가 하는 것이었습니다. 참 유치한 내기인 듯 보이지만 아무튼 그들은 내기의 결말을 내고자 백방으로 노력하였지요. 이리저리 답을 찾던 중 그 과정에 관여하게 된 사람이 바로 영국의 사진작가 에드워드 머이브리지Eadweard James Muybridge, 1830-1904였습니다. 그는 영국 출신으로 1866

년 미국의 서부 지역을 촬영하면서 유명 사진작가 반열에 오르게 됩니다. 1872년부터는 모션 픽처활동사진에 관심을 갖게 되었고 1874년 스탠포드로부터 지원을 받으며 연구를 수행하던 차에 리랜드 스탠포드의 내기에 답을 제공하게 됩니다. 내기의 답은 바로 말의 네 발이 땅에서 떨어진다는 것이었고 이것이 곧바로 영화를 만들어 내는 기술로 발전하게 되었던 겁니다.

그로부터 몇 십 년 후, 월트 디즈니가 움직이는 만화 영화를 만들 때에도 그들은 머이브리지가 그랬듯이 영화 속 캐릭터에 동물을 선택하였습니다. 쥐, 오리, 돼지, 새 등 이런 동물의 캐릭터들은 벼락스타가 되어 오늘날 우리의 사랑을 받고 있는데 이들의 캐스팅은 어쩌면 이미 그 단어의 어원에서 시사되고 있었다고 할 수 있습니다.

왜냐하면 동물을 뜻하는 animal은 라틴어 anima에서 유래되었는데 anima는 숨결breath이라는 뜻이며 비유적으로 생명life이라는 뜻입니다. 그것은 성경 구절에서도 그 의미가 드러납니다. "And the Lord God formed man of the dust of the ground, and breathed into his nostrils the breath of life; and man became a living being." 신께서 흙먼지로 사람의 형상을 만드시고 콧구멍으로 생명의 숨결을 불어 넣었더니 살아 있는 생명체가 되었다는 구약성서 창세기에 나오는 구절입니다. 그러니까 anima는 숨을 쉬며 살아 움직인다는 의미인 것입니다. 이 anima에서 유래된 영어 어휘 animal은 유의어인 beast짐승에 눌려 근대 초기인 16세기, 즉 엘리자베스 시대까지는 잘 쓰이지 않았습니다. 그랬던 animal은 19세기에 들어와 일대 전기를 맞게 되는데 그것은 동물 애호가들이 그들의 주장을 내세우면서 animal right라는 말을 많이 사용했던 것에 기인합니다. 또한 animation은 '숨결을 불어 넣다'라는 의미의 라틴어 동사 animare에서 파생된 것입니다. 그렇게 본다면 만화 영화 제작자인 animator는 정지된 사진을 가져다가 살아 움직이게 만드는 신과 같은 존재에 비유될 수 있지 않을까요.

시네마는 촬영기 겸 영사기인 시네마토 그라프의 준말

또한 영화를 뜻하는 영어 단어인 motion picture, movie는 이해가 갑니다. 움직이는 사진 또는 움직이는 그림이라는 의미일 테니까요. 또 film이라는 어휘는 원래 사진 필름의 재질을 의미하는 말이었지만 영화를 문화적 측면에서 이야기하거나 장르를 가리킬 때 사용하는 말입니다. 그렇다면 시네마cinema는 어떻게 생겨난 어휘일까요.

그것은 1895년 프랑스에서 처음 영화를 만든 오귀스트 뤼미에르Auguste Lumière, 1862-1954와 루이 뤼미에르Louis Lumière, 1864-1948 형제에 의해서 만들어진 어휘라고 할 수 있습니다. 그 당시 뤼미에르 형제의 집안은 사진 건판 공장을 하고 있었기 때문에 어려서부터 사진 건판을 보며 성장한 형제가 촬영 영사기를 발명한 것은 어쩌면 당연한 일인지도 모릅니다. 촬영 영사기의 토대가 된 것은 발명왕 에디슨Thomas Edison, 1847-1931의 키네토스코프 Kinetoscope인데 이것은 틈이 난 구멍으로 들여다 볼 때 순간적으로 영상이 나타나는 장치입니다. 이것은 기술적으로도 불충분했고 한 번에 한 사람만 볼 수 있어서 일반 대중화까지는 너무나 거리가 멀었습니다.

그러나 이 뤼미에르 형제는 부단한 노력을 기울인 끝에 키네토스코프의 원리를 응용하여 필름을 스크린에 영사하는 장치를 발명하였습니다. 마침내 1895년 이들은 시네마토 그라프cinèmatographe라는 촬영기 겸 영사기를 발명했습니다. 이 기기는 대중들에게 움직이는 영상을 볼 수 있게 해 주었습니다. 이런 과정을 거쳐 1895년 12월 28일, 파리에서 일반인을 대상으로 하는 유료 영화가 상영되었는데 그야말로 대성공을 거둡니다. 바로 <뤼미에르 공장을 나서는 노동자들>이라는 제목의 영화인데요, 줄거리도 없고 소리도 없는 영화이기 때문에 그냥 단순한 영상이라고 해야 맞습니다. 아무튼 오늘날 영화를 가리키는 시네마는 뤼미에르 형제가 만든 특허품, 즉 '시네마토 그라프'를 줄인 것입니다.

또한 시네마라는 단어와 관련지어 잘못 이해되고 있는 것이 있습니다. 대부분의 사람들은 시네마 천국이란 말을 들으면 영화의 천국으로 생각합니다. 그러나 이때 시네마는 영화가 아닌 극장이라는 뜻입니다. 이탈리아 영화 제목인 'Cinema Paradiso'를 생각해 보면 '파라디소(천국) 극장'이므로 분명 영화관 이름입니다. 그러니까 좀 더 유추하면 예전 서울 낙원동에 있있던 낙원극장 정도가 되겠지요. 외국어는 선천적인 감으로 알아차리는 것이 아니므로 때때로 잘못된 자의적 해석이 엉뚱한 결과를 가져올 때가 많습니다. 그래서 외국어는 외국어입니다.

anim(us)(=mind, 마음; spirit, 영혼; will, 의지)

animate[ǽnəmèit] <anim+ate(=to make)> 활기를 띠게 하다, 생명이 있는,
                활발한
animosity[ænəmásəti] <animos+ity(=state of)> 악의, 증오심, 원한
equanimity[ìːkwəníməti] <equ(=even)+anim+ity(=state of)> 평정, 침착, 냉정
magnanimity[mæ̀gnəníməti] <magn(=great)+anim+-ity(=state of)> 아량, 관대
unanimity[jùːnəníməti] <un(i)(=one)+anim+ity(=state of)> 만장일치

▶같은 듯 같지 않은 단어들

• baby[béibi] (태어난 지 얼마 되지 않아 걷지도 말하지도 못하는) 아기

Susan had a baby on May 29th.
수잔은 5월 29일에 아기를 낳았다.

• child[tʃaild] (보통 십대 아이가 되기 전의) 어린이

When he was a child, he always was healthy.
아이였을 때 그는 늘 건강했었다.

• infant[ínfənt] (의사나 보육 전문가들이 사용하는 용어) 유아

The nurse came into the room carrying a newborn infant.
간호사는 갓 태어난 아기를 안고 방에 들어왔다.

26 Ad lib

마음대로 해 봐

> ad lib[ædlíb, ─ ─]
> ① 즉흥 노래, 즉흥 연주
> ② 임시변통의 일
> ③ 자유로이 하다

애드리브는 원래 욕망을 나타내는 말

TV 방송에서 개그맨이나 연기자 또는 가수가 하는 애드리브ad lib가 어떻다는 말을 들은 적이 있을 겁니다. 대본에는 없었지만 개그맨이나 연기자가 상황에 따라 즉흥적으로 한 대사, 또는 가수들이 그때그때 기분에 따라 즉흥적으로 덧붙여 하는 노래 가락을 가리킬 때 쓰는 말입니다. 애드리브는 1705년 영어에 처음 들어올 때부터 원래 음악 용어였습니다. 악보에 지시된 대로 하라는 이탈리아어 obbligato와는 정반대로 연주자가 알아서 마음대로 연주하라는 지시어였지요. 그러다가 세월이 지나면서 애드리브는 임기응변 또는 즉석연설이라는 뜻이 더해져 확장된 의미를 갖게 되었습니다.

그런데 애드리브의 어원이 라틴어 libitum인데 그 의미가 욕망인 것을 보면 묘하게도 연결이 되는 것을 알 수 있습니다. 왜냐하면 프로이트 Sigmund Freud, 1856-1939가 자신의 학설을 설명하기 위해 사용한 리비도libido

가 바로 그것이기 때문입니다. 말하자면 리비도라는 것은 생물학적 충동과 그로 인한 감정에서 생겨나는 에너지를 가리키는데 프로이트는 그 가운데 특히 성적 욕구를 많이 거론하였습니다. 성적 욕구와 에너지, 즉 리비도에 관련된 그의 설명을 좀 더 이야기하기 전에 우선 그와 관련된 소설의 일부를 보겠습니다. 성애를 잘 묘사하는 소설가로 알려진 영국 소설가, D.H. 로렌스David Herbert Lawrence, 1885-1930의 대표작『사랑하는 여인들 Women in Love』가운데 발췌한 일부분입니다.

거드런은 제랄드가 자신을 두 팔로 안아 끌어당기는 대로 몸을 내맡겼다. 제랄드는 그녀에게서 무한한 구원을 발견했다. 그는 억압된 어둠과 거의 죽은 상태의 기운을 거드런에게 쏟아 부음으로써 완전함을 회복하게 되었다. 그것은 놀랍고 불가사의한 것이었으며 기적이었다. 이런 것을 느끼면서 제랄드는 구원 그리고 경이로운 황홀감, 그 절정 속에서 자기 자신을 놓아버렸다. 그녀 또한 저항할 힘도 없이 그가 쏟아 내는 독약이 담긴 그릇 속으로 남자를 받아들이고 있었다. 죽을 것 같이 공포스러운 마찰과 격렬함이 그녀를 짓눌렀다. 하지만 격렬하게 찔러대는 예리한 고통 속에서도 그녀는 불가항력의 황홀경 속에 빠져들었다.

죽은 상태의 기운까지도 완전하게 회복시키고 구원을 느끼게 해 주는 이것. 게다가 이것이 본능에서 나오는 것이라면 여기서 벗어날 수는 방법은 없습니다. 게다가 성적 본능, 즉 리비도에 충동질하여 다음 세대로 넘어가려는 이기적 유전자의 조작 내지 지시를 절대로 비켜갈 수 없습니다. 결과만 놓고 본다면 이 성적 욕구가 다음 세대로 또 그다음 세대로 유전자가 전해지도록 하여 오늘날 우리가 있게 한 원동력인 것은 맞습니다. 하지만 그 성적 욕구 때문에 빚어지는 사랑 놀음 속에서 이끌림과 격정적인 몸부림 그리고 머릿속에 폭죽이 터지는 환상의 순간을 경험합니다. 이 순간의 경험은 너무나 환상적이고 매혹적이어서 두고두고 동경하게 되는 것이지요.

이성 긴 사랑의 원동력, 리비도

남녀 간의 사랑, 그 관계의 근원은 오래전 기록된 성경에서 찾을 수 있습니다. 성경의 기록을 보면, 천지창조 여섯째 날, 신은 흙먼지뿐인 사막에서 흙으로 인간을 창조합니다. 그 인간은 여자이면서 남자인 양성 인간이었지요. 이어서 신은 낙원을 만들어 인간으로 하여금 그곳에 살도록 했습니다. 그러던 어느 날, 외로워하는 인간을 보고 신은 모든 동물들을 불러 모았습니다. 그러고는 인간에게 그들의 이름을 지어보라고 했습니다. 이름을 붙여주면서 인간의 동반자를 스스로 찾아보라는 것이었지요. 하지만 인간은 동물들에게 이름만 지어주었지 짝을 찾지는 못했습니다. 그러자 할 수 없이 신이 직접 나섰습니다. 신은 인간을 잠들게 한 다음, 그에게서 여성 기관을 꺼내어 그것으로 또 다른 인간을 만들었습니다. 그렇게 하여 인간 여자, 즉 이브가 태어났고 잠들었다 깨어난 인간은 남자가 되었습니다.

그런데 문제는 흙먼지가 자욱한 불모의 환경에서 먼저 만들어진 남자보다는 나중에 풍요로운 낙원에서 만들어진 여자의 몸이 여러 가지 면에서 풍족하고 윤택합니다. 또한 태어난 과정에서 잃은 것이 없어서인지 여자는 자신이 여성성에 충족되는 정도가 더 높고 그 때문에 남자보다 홀로서기에 더 안정적인 모습을 보입니다. 반면에 자신의 몸으로부터 여성 기관을 적출摘出당한 남자는 씻을 수 없는 상실의 아픔을 겪게 되었습니다.

하여 일평생 잃어버린 기관을 찾아서 헤매는, 즉 여성에 대한 향수와 동경을 떨칠 수 없게 되었습니다.

그런데 이것을 단지 남녀에 관한 성경 기록으로 치부해 버릴 수 있는 단순한 이야기는 아닙니다. 이후 그리스 로마 신화를 시작으로 하여 모든 장르의 문학에서 남녀 관계가 끊임없이 재생되기 때문이지요. 그래서 남녀 간의 사랑에 관하여 관심을 갖게 되었고 그것은 학자들의 노력 끝에 비로소 그 정체가 드러나고 있습니다.

로맨스의 정체

연구 결과에 따르면 사랑은 세 단계로 나뉘어 진행된다고 합니다. 먼저, 성적인 욕망을 가지고 주위의 이성 상대에게 성 호르몬을 발산하는 단계입니다. 물론 남성은 테스토스테론을, 여성은 에스트로젠을 발산합니다. 이 단계는 매우 짧아서 곧 끌림 단계로 넘어갑니다. 일단 두 사람이 서로 사랑에 빠지면 뇌의 신경 전달 물질이 활성화됩니다. 다시 말하면 엄청난 양의 도파민이 분비되어 뇌 속에 쾌락을 관장하는 부위를 자극합니다. 또 지나칠 정도로 많이 분비된 노르에피네프린이 심장을 마구 뛰게 합니다. 하여 얼굴은 빨개져 화끈거리고 입은 바싹바싹 마르게 되지요. 심한 경우에는 좌불안석에다가 먹을 수도 잘 수도 없게 됩니다. 게다가 세로토닌 부족 탓으로 상대에게 집착하는 성향이 나타납니다. 이 단계는 1년에서 2년간 지속되기도 하는데 이 과정이 지나가면 마지막으로 애착 관계가 형성됩니다. 쾌락을 주는 물질은 줄어들지만 옥시토닌의 분비가 늘어나면서 두 사람의 관계는 친밀해집니다. 옥시토닌은 성 관계 후에 분비되어 서로를 포용하게 만드는 호르몬입니다. 여기에 이르면 불꽃 같은 정염이 아니라 동반자적인 유대감으로 사랑의 속성이 바뀐 것입니다.

이러한 단계를 거치는 사랑 놀음은 그야말로 성적 욕망으로 빚어지는, 이를테면 본능적인 행위임이 틀림없습니다. 그런데 언제부터인가 사람들은 이 본능적인 행위를 미화하기 시작했습니다. 그 주역은 시인과 소설가 같은 문인들이었지요. 이 아름다운 순간의 경험을 사랑, 연애, 열애라고 말할 수 있는데 영어로는 romance로맨스입니다. romance라는 어휘는 원래 Koma의 형용사 Roman을 의미하는 라틴어 romanicus가 통속 라틴어를 거쳐 불어에 유입된 것입니다. 그런데 고대 불어 romans, romanz는 현학적인 라틴어로 쓰이지 않고 '불어로 쓰인 것' 그래서 상스러운 것을 의미하는 어휘였습니다. 아무튼 14세기경, romance, romaunce의 형태로 영어 어휘로 유입되면서 그것 역시 기사의 무용담을 가리키게 되었습니다.

그런데 이 어휘가 널리 퍼진 것은 12세기경부터 프랑스의 성당에서 일하던 필경사들과 연관 있습니다. 그들은 성당의 부설학교에서 주로 라틴어 성경을 베껴 쓰는 일을 맡고 있어서 라틴어에 능통했지요. 그들은 성경 필사 외에도 호메로스Homeros, BC 800 ?-BC 750의 『오디세이아』 같은 대서사시를 비롯한 고대 그리스와 로마 시대 고전들을 번역하고 또 각색하는 일도 했습니다. 그러다가 더 나아가 아예 새로운 이야기를 지어 내기 시작했습니다. 신화에서 본 딴 기사와 요정, 괴물이 등장하고 주인공들의 이루지 못한 사랑 이야기가 성당에서 일하는 필경사들에 의하여 등장하기 시작한 겁니다.

바로 이런 이야기를 묶어서 로맨스라고 했는데 예를 들면, 가슴 시리도록 아름답고 슬픈 연인의 이야기, 즉 트리스탄과 이졸데의 이야기가 바로 로맨스의 진수를 보여 줍니다. 로맨스는 중세 왕궁 내에서 벌어지는 이른바 궁정풍 연애가 주된 내용인데 중세 봉건시대의 기사와 그 기사가 받들던 영주의 아내 사이에 충성심과 존경심, 봉사와 헌신 등의 덕목과 거기에 사랑이 얽히면서 로맨스가 피어나는 것입니다.

중세를 지나면서 로맨스는 더욱더 이상적인 것으로 미화된 사랑 이야기로 탈바꿈합니다. 이를테면, 사랑은 그저 욕구에 따른 본능적인 행위가 아니라 아름다우며 불가지한 절대적 힘을 가진, 그래서 특별한 그 무엇이 됩니다. 게다가 신비롭고 숭고한 것이기에 더 나아가면 비극적인 것이기도 했습니다. 독일의 대문호 괴테Johann Wolfgang von Goethe, 1749-1832가 쓴 『젊은 베르테르의 슬픔』은 사랑의 속성을 너무나 잘 보여 줍니다. 중세 로맨스와 연관시켜 보자면, 중세 기사 격인 남자 주인공 베르테르는 불가항력적으로 빠져드는 흠모와 사랑에 괴로워합니다. 영주의 아내 격인 여자 주인공 로테는 고귀한 품격을 지키며 우아한 모습으로 베르테르를 지켜봅니다. 베르테르가 자신의 마음을 고백하기 위해 쓴 편지가 이것을 잘 보여 줍니다.

> 그 모습, 그 목소리, 그 몸짓에 내 영혼은 완전히 빠져들고 말았어. 이야기를 하는 동안 난 그녀의 검은 눈동자를 얼마나 뚫어지게 바라보았던지…… 촉촉한 입술과 매끄럽고 윤기 넘치는 볼에 내가 얼마나 매료되었던지…… 자나 깨나 꿈속에서도 내 마음을 차지하고 있는 것은 그녀의 모습이야. 눈을 감으면 눈 속에, 마음속에, 머릿속에도 그녀의 검은 눈이 나타나게 돼. 눈을 감아도 로테의 모습이 비쳐. 마치 바다처럼, 호수처럼. 그 눈은 내 앞에, 내 마음 속에 들어와 이미 내 몸의 모든 감각을 마비시켰어.

이렇게 베르테르처럼 상대에게 집착을 보이며 먹지도 자지도 못하는 고통을 겪기도 하지만 잘만 되면 우리가 할 수 있는 것 중 가장 경이로운 것을 경험할 수 있게 해 주는 것이 사랑 아니겠습니까. 그것은 연인들의 숨결로 이루어진 연기인데 깨끗이 없애면 불꽃이 일어나고 마구 흔들어 놓으면 눈물바다가 된다는 셰익스피어William Shakespeare, 1564-1616의 말 또한 사랑이 무엇인지를 잘 설명해 줍니다.

in(=in, 안에; into, 안으로)

incisive[insáisiv] <in+cis(=cut)+ive(=having the quality of-)> 예리한, 통렬한
inflate[infléit] <in+flat(=blow)> 부풀리다, 팽창시키다
inhibit[inhíbit] <in+hibit(=to hold)> 억제하다, 금하다
intrude[intrú:d] <in+trud(=to play)> 밀어 넣다, 강요하다
inundate[ínəndèit] <in+und(=to flow)+ate> 범람하다, 침수시키다, 쇄도하다

▶같은 듯 같지 않은 단어들

• detract[ditrǽkt] (중요성이나 가치를) 떨어뜨리다, 손상시키다

She wears so much make-up that I think it actually detracts from her prettiness.
그녀가 화장을 너무 짙게 해서 그것이 그녀의 아름다움을 가렸다고 생각한다.

• distract[distrǽkt] (주의나 정신 집중을) 흩뜨리다, 딴 데로 돌리다

The royal scandal has distracted media attention from the economic crisis.
왕실의 스캔들은 경제 위기로부터 언론의 관심을 돌려놓았다.

• disturb[distə́:rb] (사람들 바쁠 때 또는 혼자 있을 때) 방해하다, 어지
럽히다

I can call back later If I'm disturbing you.
당신이 방해되지 않는다면 제가 이후에 다시 전화하겠습니다.

Love me, love my dog.
아내가 귀여우면 처갓집 말뚝 보고 절한다.

27 Locomotive

이동에 대한 동물적 욕망의 실현

> locomotive[lòukəmóutiv]
> ① 기관차
> ② 이동의, 운동성의
> ③ 경기를 촉진시킬 만한

고속철도 시대의 도래

한국형 고속철도 KTX^{Korean Train Express}가 개통된 지도 어느덧 10여 년
이 지났습니다. 비록 프랑스 고속철 테제베^{TGV}의 기술이전을 받기는 했지
만 2004년 개통으로 우리나라도 일본, 프랑스, 독일, 스페인에 이어 시속
300㎞를 달리는 초고속철도를 보유한 국가 대열에 합류하였습니다.

우리나라에서 최초로 기차가 운행된 것은 1899년 9월 18일 서울과 인
천 사이의 경인선 철도였습니다. 그 역사적 사건에 대하여 1899년 9월
19일자 독립신문은 이렇게 적고 있습니다.

> 화륜거 구르는 소리는 우레 같아 천지가 진동하고 기관차의 굴뚝
> 연기는 반공에 솟아오르더라. …… 수레 속에 앉아 영창으로 내다
> 보니 산천초목이 모두 활동하여 달리는 것 같고 나는 새도 미처 따
> 르지 못하더라.

그 당시 경인선 기차의 주행속도는 시속 20㎞ 정도였다고 하니 나는 새가 따르지 못했다는 것은 거짓말이기는 하지만 그로부터 100여 년이 지난 오늘날 그 말은 사실이 되었습니다. 시속 300㎞ 이상을 주파하는 속도 덕분에 전국은 일일 생활권 속에 들게 되었고 그것은 우리 삶의 방식을 급속도로 바꾸어 놓았습니다.

고속철도 KTX의 모델인 프랑스의 테제베는 아주 빠른 속도의 기차라는 뜻의 트랭 아 그랑드 비테스Train à Grande Vitesse의 약자입니다. 테제베는 일본보다는 늦었지만 1981년 파리와 리옹 사이를 시속 270㎞로 달리면서 세계 기록을 세웠던 프랑스 국민의 자존심입니다. 현재 통상적으로 시속 300㎞로 운행하며 순간 최고 속도가 500㎞에 다다를 정도이니 테제베는 그 속도만으로도 경탄의 대상입니다. 속도도 속도지만 테제베에 대한 명성은 무엇보다 운행시간을 정확하게 지킨다는 것으로부터 오는 신뢰성입니다. 600㎞에 달하는 파리와 리옹 구간에서 1분도 채 늦지 않을 정도로 정확하게 시간을 지킨다는 점입니다.

테제베보다 먼저 고속철도 개발에 열을 올렸던 나라는 일본입니다. 1945년 태평양전쟁의 패배로 패전국이 되었던 일본은 대내적으로 자국민의 사기를 진작시키고 대외적으로는 전후 번영을 알리기 위하여 1964년 도쿄 올림픽을 유치하였습니다. 이때 전후 일본에 대한 부정적인 이미지 개선의 방편으로 1964년 10월 1일 도쿄와 오사카 사이에 고속철도 신칸센新幹線을 개통시켰습니다. 바로 올림픽 개막 열흘 전이었지요. 이후 남서쪽 하카다까지, 동북쪽 오오미야와 모리오카까지, 동해 바다 쪽 니가타까지 연결되었고 홋카이도의 삿포로까지도 연결되는 신칸센은 이제 개통 반세기를 맞아 일본 전역을 초고속으로 연결한 일본 번영의 상징이 된 것이지요.

모든 것을 바꾸어 놓은 철도

근대 문명의 총아로 일컬어지는 기차. 기차 또는 기관차를 뜻하는 영어 어휘 locomotive는 원래 위치 또는 장소와 관련 있습니다. 장소를 의미하는 라틴어 locus에서 온 lovo-에다가 움직임을 뜻하는 라틴어 mōtīvus가 붙은 복합입니다. locomotive는 원래 형용사로 사용되었기 때문에 사실은 locomotive engine으로 써야 기관차가 되는 것이지요. 그런데 engine을 생략하고 locomotive만 사용하게 된 것입니다.

철로를 달리는 기차는 원래 영국에서 발명된 증기기관을 광산에서 사용하던 운반차에 탑재하면서 시작되었는데 그 이후 철도는 연결되는 곳마다 모든 것을 바꾸어 놓게 됩니다. 최초의 증기 기관차는 1804년 영국 콘월 지방의 발명가 트레비식Richard Trevithick, 1771-1833이 발명한 것으로 알려져 있습니다. 그런데 말이 그렇지 시속 8㎞로 가는 이름만 기차라고 할 수 있는 것이었습니다. 그 후 1825년에 조지 스티븐슨George Stephenson, 1781-1848이 로커 모션이라는 이름의 기관차를 내놓았습니다. 그리고 4년 뒤, 1829년 10월 14일, 리버풀 근처 레인힐에서는 기차에 관한 한 기념비적인 대회가 열렸습니다. 산업혁명의 발상지가 된 맨체스터와 리버풀 항구 사이를 운행하게 될 증기 기관차를 선정하는 대회였던 것이지요.

대회에서 1등을 한 조지 스티븐슨의 아들 로버트 스티븐슨Robert Stephenson, 1803-1859은 1830년 로켓이란 이름의 기관차로 리버풀과 맨체스터 구간을 시속 47㎞로 달림으로써 기차는 실질적인 운행에 들어가게 되었습니다. 연극 <로미오와 줄리엣>의 여주인공 역을 맡아 유명해진 여배우 패니 켐블Fanny Kemble은 처녀 운행에 나선 증기 기관차를 탑승하고 그때의 기분을 친구에게 이렇게 적어 보냈습니다.

얘는 발에 해당하는 두 바퀴와 피스톤이라는 눈부신 강철 다리로 움직이지. 피스톤은 증기의 힘으로 나아가는데, 피스톤의 위쪽 팔 다리 그러니까 내 생각에는 고관절에 전달되는 증기가 많아질수록 바퀴가 빨리 움직이는 거야. 보일러가 터지면 안 되니까 그 전에 미리 속도를 줄여야 하는데, 그럴 때면 안전밸브를 통해 증기를 공중으로 배출하고 있어…….

배우임에도 불구하고 패니 켐블은 증기 기관의 작동 원리를 꽤나 정확하게 이해하고 있었던 것 같습니다. 또한 그녀는 콧김을 내뿜고 힘차게 달리는 기관차를 말에 비유하여 표현하였는데 당시 사람들은 증기를 내뿜으며 달리는 기관차에 대하여 두려워하면서도 기대감을 갖고 있었던 것 같습니다.

철도는 영국은 물론 유럽과 아메리카의 모습을 순식간에 바꾸어 놓았습니다. 1890년 영국은 종횡으로 철도망이 연결됨에 따라 편리하고 빠르며 믿을 수 있는 운송 서비스가 이루어지게 되었습니다. 1847년부터는 영국 전역에서 시계가 똑같이 맞추어져 철도 시간표도 그리니치 표준시에 따라 표준화되었습니다.

미 대륙 개발과 성장의 원동력, 철도

미국에서는 철도 건설과 개통으로 인하여 원시 상태의 드넓은 내륙 지방을 제대로 탐사하고 이용할 수 있게 되었습니다. 철도를 중심으로 양쪽 주변을 대농장으로 만들고 또 광산을 개발할 수 있는 새로운 땅을 개척해 나갔습니다. 미국에서 아이언 호스Iron Horse, 즉 철마로 불렸던 철도. 그 철도의 건설은 1830년대 동부에서 시작하였지만 본격적인 건설은 남북전쟁 직후에 이루어집니다. 남북전쟁 중이던 1862년 링컨은 자영 농지법인 홈스테드법을 제정하여 서부의 개발에 열을 올립니다. 이법의 골자는 5년 동안 서부 개척 사업에 종사하면 무상으로 160에이커약 65만㎡의 토지를 주겠다는 것이지요. 즉, 드넓은 땅을 줄 테니 서부로 이주하라는 겁니다. 이것은 미국 땅을 밟은 이민자들에게 골드러시와 함께 다시 한 번 아메리칸 드림을 안고 서부로 이주하게 되는 계기를 마련해 주었습니다.

이민자들의 이주와 신천지 개척에 원동력이자 뒤를 받쳐 준 것은 바로 철도 건설이었습니다. 미국 정부는 철도 회사에 대하여 대폭적인 지원을 해 주었습니다. 즉, 건설한 철도 양쪽에 일정한 토지를 주는 것뿐만 아니라 1마일약 1.6㎞의 철도를 건설하면 4만 8천 달러의 보조금도 지급하였습니다.

이러한 분위기 속에서 1862년 철도의 기점이 네브래스카 주 오마하로 결정되자 유니언 퍼시픽 철도 회사는 오마하에서 서쪽으로 나아가고 센트럴 퍼시픽 철도 회사는 캘리포니아 주 세크라멘토에서 동쪽으로 철도를 건설해 나가기 시작했습니다. 철도 건설에 참여한 노동자는 대부분 남북전쟁 후 소집이 해제된 군인들이었습니다. 그리고 동부에서는 아일랜드계 이주민들이, 또 서부에서는 중국계 이주민들이 많았습니다.

양 방향에서 건설해 오던 대륙 횡단 철도는 1869년 5월 10일, 유타 주의 그레이트솔트 호수 북쪽 연안 프로먼트리에서 만나 연결되었습니다. 철도 건설과 동시에 개통된 통신망을 통해 이 뉴스는 미 대륙 곳곳에 울려 퍼졌고 뉴욕 시민들은 열광했습니다. 개통 이후 1880년까지 4개의 대륙 횡단 철도가 완공되어 철도를 통해 사람뿐만 아니라 물자의 대량 수송이 가능해졌습니다. 이것을 기반으로 미국 정부의 이민 장려 정책도 효과를 거두어 1870년 50만 명이던 캔자스 주, 네브래스카 주, 노스&사우스다코타 주의 인구가 20년 만에 여섯 배가 늘어 3백만 명에 달했습니다. 결과적으로 서부에는 엄청난 이민자가 몰려들어 거대 시장이 형성되었고 이것은 미국 제조업의 급성장을 초래하게 됩니다.

　그러나 시대가 변모하면서 지상의 절대적인 운송 수단으로 군림해 오던 철도도 절대 강자는 없다는 진리를 입증이라도 하려는 것일까요. 곧이은 자동차의 등장으로 위상이 흔들리게 되었습니다. 주된 이유는 아마도 철도의 경직성이 자동차의 유연성을 당하지 못해 열세를 면치 못하는 것이겠지요. 자동차는 원할 때 떠나고 가고자 하는 경로를 마음대로 바꿀 수 있습니다. 그 자유 때문에 교통 혼잡의 위험과 그래서 도착 시간을 예측할 수 없다는 약점이 있기는 합니다만 그 점을 상쇄시키고도 남음이 있기에 사람들은 자동차의 임의성을 선택합니다. 때문에 철도는 자동차에게 판정패를 당하여 과거의 영화로움을 뒤로 한 채 대부분 근근이 명맥을 유지해 나가고 있습니다. 흥망성쇠가 세상사의 진리라지만 철도가 지난날의 화려했던 영광을 고스란히 되찾을 가능성은 희박해 보입니다.

loc(o)(=a place, 장소, 위치)

allocate[ǽləkèit] <al(=to)+loc+ate(=to make)> 할당하다, 배부하다
dislocate[dísloukèit] <dis(=away)+loc+ate(=to make)> 위치를 바꾸다,
　　　　　　　뒤죽박죽으로 만들다
location[loukéiʃən] <loc+ate(=to make)+ion(=condition)> 장소, 지역,
　　　　　　　야외 촬영
locomotive[lòukəmóutiv] <loco+mot(=to move)+ive(=making)> 기관차, 이동하는
relocate[ri:lóukeit] <re(=again)+loc+ate(=to make)> 옮겨 놓다, 재배치하다

▶같은 듯 같지 않은 단어들

• cancel[kǽnsəl] (계획이나 약속을) 취소하다

They've had to cancel tomorrow's football match because of the bad weather.
그들은 악천후로 인하여 내일의 축구 시합을 연기해야 했다.

• delay[diléi] (예정된 일을) 미루다, 지연시키다

I think we should delay deciding about this until next year.
이것에 관한 결정을 내년까지 연기해야 한다고 생각한다.

• postpone[poustpóun] (계획이나 약속을) 연기하다

They decided to postpone their holiday until the autumn.
그들은 휴가를 가을까지 연기하기로 결정했다.

Everyone has a skeleton in his closet.
털어서 먼지 안 나는 사람 없다.

28 Diamond

여인들의 로망

> diamond[dáiəmənd]
> ① 다이아몬드
> ② 다이아몬드 모양의
> ③ 유리칼
> ④ 야구의 내야

아프리카의 비극, 블러드 다이아몬드

가끔 TV 방송의 국제 뉴스에서 블러드 다이아몬드blood diamond라는 말을 들을 수 있습니다. 피의 다이아몬드, 그것은 아프리카 분쟁 지역의 상황을 알리는 특파원의 입에서 들려오는 말입니다. 정치적으로 세력화한 집단들이 다이아몬드 광산을 차지하고 그것을 채굴하여 불법 자금화한 다음, 그것을 군비로 사용하기 때문에 아프리카에서는 내전이 끊이질 않고 있습니다. 오색영롱한 빛을 발하는 아름다운 다이아몬드가 피를 불러오기 때문에 아이러니컬하게도 좋지 않은 오명이 씌워진 것이지요.

세계 시장에 거래되는 다이아몬드의 ⅓ 이상은 아프리카의 콩고, 남아프리카 공화국, 앙골라, 시에라리온, 라이베리아와 같은 아프리카 지역에서 생산됩니다. 흑연처럼 순수한 탄소로 되어 있는 다이아몬드는 보석 가운데 가장 깊은 곳에서, 그러니까 지하인 맨틀 상층부, 즉 지하 140~200km 지점에서 만들어진 다음, 마그마에 휩쓸려 지표로 올라옵니다. 그런 후에 화산이 폭발할 때 사방으로 흩어지는데 특히 킴벌라이트에서 많이 발견됩니다. 킴벌라이트는 원래 남아프리카 킴벌리Kimberley라는 지역에 산재하는 다이아몬드가 많이 들어 있는 화강암을 일컫는 말입니다.

그런데 안타까운 것은 이 다이아몬드가 십대 초반의 아이들의 손에 의해 생산된다는 겁니다. 이 아이들은 겨우 밥 한 끼에 해당되는 푼돈을 받으며 언젠가는 자신들도 '아프리카의 별'을 발견하리라는 희망을 가지고 하루 종일 몸을 굽혀 일을 합니다. 아프리카의 별이란 1905년 요하네스버그에서 발견된 세계에서 가장 큰 530캐럿짜리 다이아몬드를 지칭하는 말입니다. 그러나 어쩌다 작은 다이아몬드를 채집하게 되더라도 그 값어치의 대부분은 광산 소유주가 가져가고 다이아몬드 가격의 몇 만분의 1 정도 돈이 아이들의 손에 쥐어집니다. 비단 블러드 다이아몬드의 폐해는 이러한 미성년자의 노동착취와 인권유린에 그치는 것이 아니고 무분별한 광산 개발로 환경을 심각하게 파괴한다는 데 있습니다.

아프리카에서 생산되는 다이아몬드가 세간의 관심을 끌고 있는 것은 어제 오늘의 일이 아닙니다. 그 역사는 19세기까지 거슬러 올라갑니다. 일찍이 17세기에 해상 무역을 시작한 네덜란드인들은 남아프리카 남단까지 진출하여 케이프 식민지를 건설하였습니다. 그들의 후손들은 대대로 선조들이 정착한 식민지에서 농경지를 가꾸며 살았는데 이들을 보어Boer인이라고 합니다. 유럽을 들끓게 했던 나폴레옹전쟁이 끝나고 새로운 유럽의 질서를 확립하려는 빈 회의에서 남아프리카의 케이프 식민지가 영국에 넘어가기로 결정되자 보어인들은 케이프 식민지를 내주고 북쪽으로 이동하여 오렌지 자유국과 트란스발 공화국을 세웁니다.

그런데 19세기 중엽, 보어인들이 이주한 두 지역에서 다이아몬드와 금이 발견되기 시작합니다. 그러자 영국인들이 수탈을 목적으로 이곳에 몰려들었고 그 결과 보어인들과 영국인들의 충돌은 불가피해졌습니다. 그

가운데 배후에서 막대한 자본을 댄 사람이 바로 영국의 식민지 정치가인 세실 로즈Cecil John Rhodes, 1853-0902였습니다. 그는 1870년 남아프리카 농장을 경영하면서 한편으로는 다이아몬드 광산 개발로 엄청난 부를 축적했습니다. 이후 그는 1890년에 케이프 식민지의 총독이 되었으며 이어 남아프리카 회사를 설립하고 중앙아프리카를 손에 넣으려는 계획을 세웠습니다. 결국 1895년 그는 계획에 성공하였고 자신이 차지한 지역을 자신의 이름, 즉 로즈를 따서 로디지아현재 짐바브웨라고 명명했습니다. 또한 그는 1895년 군대를 보내 트란스발 지역을 정복하려고 하였지만 보어인들의 저항에 부딪혀 실패하고 맙니다.

그러나 영국은 로즈의 정복 실패 이후에도 트란스발 지역에 대한 욕심을 포기하지 않고 그곳을 차지하기 위하여 호시탐탐 기회를 노렸습니다. 계속되는 영국의 내정 간섭을 견디지 못하고 결국 트란스발 공화국은 이웃한 오렌지 자유국과 연합하여 1899년 10월, 영국과 전쟁을 벌이게 됩니다. 이것이 바로 보어전쟁1899-1902인데 전쟁이 발발하자 영국은 기다렸다는 듯이 군대를 파견하여 무력으로 이곳을 평정한 후, 남아프리카연방을 설립하고 식민 통치를 시작하였습니다.

보석 중의 보석, 다이아몬드

오색영롱하게 빛나는 아름다움, 게다가 희귀함 때문에 더욱더 인간의 욕망을 끌어들이는 보석, 다이아몬드. 그것을 가리키는 영어 어휘는 원래 adamant였습니다. 기독교가 융성하던 고대시대에 다이아몬드가 알려지기 시작하면서 라틴어 어휘 adamas가 쓰이게 되었는데 그것이 고대 불어와 중세 영어에 이르러 adamant로 사용되었습니다. 그 까닭은 그리스 시대에 가장 단단한 돌이나 금속을 adamās라고 하였기 때문입니다. 또한 라틴어 adamantem이 통속라틴어를 거쳐 고대 불어로 유입되면서 adamant로 쓰였습니다. 그러다가 14세기에 영어에 유입되어 굽히지 않는다는 뜻이거나 또는 양보하지 않는다는 비유적 의미로 확장되어 사용되었습니다. diamond는 원래 후기 라틴어에서 다이아몬드와 다른 단단한 물건을 구별하기 위하여 그리스어 접두사인 dia-=through, 통과하여, 거쳐를 붙여 diamas가 사용되기 시작했습니다. 말하자면, 중세 라틴어 diamantem을 거쳐 고대 불어 diamant가 파생되고 이어 14세기 초 영어에 유입되어 diamaunde 또는 diamaunt 등으로 사용되다가 오늘날 diamond에 이르게 겁니다.

다이아몬드를 처음 장신구로 착용한 사람들은 기원전 7세기경, 인도에 살았던 드라비다족으로 알려져 있습니다. 로마시대에도 다이아몬드는 주로 왕족과 귀족들의 장신구로 사용되었지요. 그런데 다이아몬드가 보석 중의 보석의 자리를 차지하게 된 것은 17세기 말엽부터입니다. 그것은 바로 베니스에 살던 페르지라는 사람의 Round Brilliant Cut이라는 연마법 덕분입니다. 다이아몬드는 유리보다 굴절률이 훨씬 크기 때문에 똑같은 방식으로 자르더라도 빛이 훨씬 많이 분산되어 영롱한 광채를 발산합니다. 그런데 다이아몬드가 더욱 아름다운 광채를 내게 하려면 다이아몬드가 빛을 반사하는 비밀을 알고 그것에 따라 원석을 잘라야 합니다. 즉, 빛이 원석의 꼭대기를 통과한 후, 내부에서 반사되어 돌아다니다가 다시 꼭대기로 빠져 나올 수 있도록 잘라야 합니다.

다이아몬드를 자르는 방식을 컷이라 하는데 좀 더 정확히 말하면, 다이아몬드를 깎은 경사면의 각도를 일컫는 것입니다. 현재까지 알려진 바에 따르면 대부분의 다이아몬드는 면의 수가 58개, 그러니까 58면체로 깎으면서 상부의 절단 각도를 34.5도, 하부의 절단 각도를 40.75도, 그리고 평평한 윗면을 53%로 유지하게 되면 하트 앤 애로우heart and arrow 무늬가 발산되어 가장 아름다운 다이아몬드가 만들어진다고 합니다.

사랑의 징표이자 허영심의 상징

1947년 세계적인 다이아몬드 회사인 드 비어스De Beers는 'A diamond is forever!'라는 광고 카피로 다이아몬드를 영원한 사랑의 징표로 만들었습니다. 이후 다이아몬드는 변하지 않는 사랑의 염원을 담아서 약혼식이나 결혼식 예물로 교환하게 되었지요. 또한 다이아몬드는 부를 뜻하는 상징물이 되었습니다. 하여 여성들이 가장 갖고 싶어 하는 보석이 되었고 또 그것 때문에 다이아몬드는 여성의 허영심을 상징하는 물건이기도 합니다. 이러한 일면을 잘 보여 주는 소설이 있는데 바로 프랑스 자연주의 소설가 모파상Guy de Maupassant, 1850-1893이 쓴 『목걸이』라는 소설입니다.

모파상은 프랑스 노르망디 지방 출신의 작가입니다. 문학적 교양이 풍부한 부모 밑에서 컸지만 그다지 유복한 편은 아니었습니다. 후에 어머니와 친분이 있었던 귀스타브 플로베르Gustave Flaubert, 1821-1880와 사제지간의 인연을 맺고 그의 문학적 영향을 많이 받게 됩니다. 유약했던 그는 온갖 치료에도 불구하고 건강은 좋아지지 않았고 신경쇠약으로 자살을 기도한 적도 있습니다. 그 후 정신병원에 입원했다가 42세의 나이로 세상을 뜨게 됩니다. 하지만 짧은 생애 동안 그는 혼신의 힘을 다하여 약 3백여 편의 단편소설과 여섯 편의 장편소설을 발표하였습니다. 그의 작품 가운데 대표작으로 꼽히는 『목걸이』는 허영심 때문에 불행해진 한 여인의 삶을 그린 것인데 그 줄거리는 이렇습니다.

가난한 사무원의 딸로 태어난 마틸드는 지극히 평범한 여성이었지만 그녀가 꿈꾸는 것은 늘 상류 사회의 화려함이다. 그러나 현실을 그렇게 녹록지 않았다. 그녀가 동경하던 상류 사회 생활은 꿈일 뿐이었다. 남편이 가져다주는 하급 공무원의 월급으로는 그저 평범한 가정을 꾸리기에도 빠듯했다. 그러던 어느 날, 남편이 파티 초대장을 가져온다. 무료했던 마틸드는 생기를 되찾으며 비상금까지 털어 파티복을 장만하고 친구에게 다이아몬드 목걸이를 빌린다.

파티가 끝난 뒤, 귀가하는 도중에 마틸드는 목걸이를 잃어버린 사실을 알았다. 하는 수 없이 그녀는 돈을 빌려서 잃어버린 것과 똑같은 목걸이를 사서 친구에게 되돌려준다. 10여 년의 고생 끝에 빚을 거의 갚게 된 어느 날, 거리에서 목걸이를 빌려 주었던 친구를 만났는데 그 친구는 처음에 마틸드를 알아보지 못했다. 마틸드가 빚을 갚느라 너무나 고생하여 폭삭 늙어버렸기 때문이었다. 마틸드는 친구에게 목걸이를 새로 사 주느라 고생한 이야기를 들려주었다. 그러자 어이없게도 그 친구는 그 목걸이가 가짜 모조품이었다고 말한다.

단 하룻밤, 사람들의 시선을 의식하며 아름다움을 과시한 허영심 때문에 그녀는 아까운 젊음을 모두 허비하고 그것도 모자라 긴 세월 동안 모진 고생을 해야 했습니다. 그 짧았던 행복을 위해 치른 대가치고는 너무나 잔인한 것이었습니다. 모파상은 소설 '목걸이'를 통해서 목걸이에 걸린 인간의 허영심, 그 욕망이 얼마나 잔혹하고 또 얼마나 허망한 것인지를 보여 줍니다. 모파상은 우리들에게 무의미한 것에 너무나 소중한 것을 바치는 어리석음을 깨우쳐 주고 싶었는지도 모릅니다.

dia(=through, ~을 통하여)

diagnose[dáiəgnòus] <dia+gnos(=to know)> 진단하다, 규명하다
dialect[dáiəlèkt] <dia+lect(=to speak, choose)> 사투리, 방언
diameter[daiǽmitər] <dia+meter(=a measure)> 직경, 지름
diarrhea[dàiərí:ə] <dia+rhe(=to flow)+a(=condition of~)> 설사
diathermy[dáiəθə̀:rmi] <dia+therm(=heat)+y(=process of)> 투열요법

▶같은 듯 같지 않은 단어들

- duty[djú:ti] (술, 담배, 자동차 연료 또는 수입품에 붙는) 소비세

  There's a high duty on alcohol.
  술에는 높은 소비세가 매겨져 있다.

- fine[fain] 범칙금

  I've paid out fifty pounds in parking fines already this year.
  올해 벌써 주차위반 벌금으로 50파운드를 물었다.

- tax[tæks] (정부나 지방자치단체에 내는) 세금

  Tax will be deducted automatically from your salary.
  세금은 너의 봉급에서 자동적으로 공제된다.

Greed has no limits.
말 타면 경마 잡히고 싶다.

29 Vaccination

살기 위해 죽는 것

vaccination[væksi(ː)neiʃən]
① 종두, 백신주사
② 예방주사
③ 우두자국

인류의 오랜 재앙, 질병

겉보기에 비슷할 뿐 의미를 보면 완전 별개의 것으로 보이는 두 어휘, anecdote일화와 antidote해독제가 어떤 관련이 있을까요. 억지로 갖다 붙이자면 일화anecdote는 지루함을 덜어 주는 이야기이니 지루함을 치료해 준다고 할 수 있을 것이고 또 해독제antidote는 독성을 치료해 주는 약이니 둘 다무엇을 치료해 주는 것이라고 할 수 있겠지요. 그런데 이것 때문인지는 모르지만 묘하게도 영어 어휘 anecdote와 antidote는 어원적으로는 깊게 연관되어 있습니다.

먼저, anecdote는 그리스어 anekdotos에서 유래되었는데 그것은 not의 의미를 갖는 an-과 출판되었다는 의미의 ekdotos가 붙은 어휘입니다. 그러니까 출판되지 않은 것, 발표되지 않은 작품 같은 것을 가리키는 말이지요. 그런데 ekdotos는 다시 뜯어보면 바깥이라는 의미의 ek-와 주다의 뜻을 갖는 didonai로 구성되어 있음을 알 수 있습니다. 그러니까 바깥세상으로 내보낸다는 의미이지요. 그러다가 그 후 중세 라틴어에서 anecdota가 되었다가 18세기 후반에 영어로 유입되었습니다. 원래 anecdote라는 어휘는 6세기 비잔틴의 역사가였던 프로코피우스Procopius가 동로마 황제 유스티니아누스Justinian의 궁중 생활사를 썼는데 그는 흥미롭지만 공개되지 않았던 기록에 대하여 이 제목을 붙였습니다. 결과적으로 보면 일화는 비공개되는 것이 원칙인데 원래의 의도와는 반대로 재미와 세상 사람들의 호기심 때문인지 공개되는 경우가 많습니다.

한편, 앞서 언급한 antidote해독제로 돌아가 보면 anecdote일화와 마찬가지로 antidote에도 주다라는 의미를 갖는 didonai가 들어 있는 것을 볼 수 있을 겁니다. 즉, antidote는 반대편의 뜻을 갖는 그리스어 anti-와 주다의 의미를 갖는 didonai가 있어서 글자 그대로 보면 반대편으로 주다, 이를테면 병원균에 대하여 반대로 작용을 한다는 의미가 되겠지요.

질병을 치료해 주는 치료제 덕분에 오늘날 인류는 대량으로 사망하는 경우가 현저하게 줄었을 뿐만 아니라 수명까지도 점점 연장되고 있습니다. 그러나 인류가 질병으로 인한 고통과 사망에서 벗어날 수 있었던 것은 치료제로 질병을 치료할 수 있어서라기보다는 질병 발생률을 낮출 수 있었기 때문에 가능해진 일입니다.

돌이켜 보면 근대에 이르기까지 인류는 대량으로 목숨을 잃거나 고통에 시달리며 질병과 싸워 왔습니다. 얼마 전만 해도 매년 200만 명을 사망하게 했던 천연두, 매년 30만 명을 불구로 만들었던 소아마비, 매년 600만 명의 목숨을 앗아갔던 홍역 등 무서운 질병들이 이제는 거의 사라졌습니다. 이것은 인류가 오랜 연구 끝에 질병을 예방할 수 있는 백신을 개발해 낸 덕분입니다.

이와 같이 인류를 질병으로부터 벗어나게 해준 백신은 여럿이지만 그 효시는 천연두의 백신이라고 할 수 있습니다. 동서양을 막론하고 천연두는 무서운 질병이었습니다. 전염성이 높아서 일단 발병이 되었다 싶으면 걷잡을 수 없이 퍼져 나가기 일쑤였습니다. 또 천연두에 걸리는 사람은 사망하거나 다행히 낫는다 하더라도 얼굴에 마맛자국이라는 흉측한 흔적을 갖게 되어 평생 동안 상처를 안고 살아가게 되는 무서운 병이었습니다.

천연두의 무서운 위력은 역사적으로도 기록되어 있습니다. 16세기까지 화려한 번영을 구가하던 아스텍 문명은 에스파냐의 정복자 코르테스Hernan Cortes, 1485-1547에게 멸망하고 맙니다. 그는 고작 900여 명의 병력을 이끌고 4개월 남짓 전투를 치른 끝에 아스텍 왕국의 수도 테노치티틀란현재 멕시코시티을 함락시키고 왕을 사로잡아 처형합니다. 물론 아스텍 왕국의 멸망에 관해서는 여러 가지 설이 분분합니다. 먼저 문명의 우열차이를 이야기합니다. 당시 아스텍의 인디오들은 석기를 쓰고 있었던 반면 코르테스가 이끄는 병력은 소규모이지만 철제 무기를 사용하고 있었다는 것이지요.

또 인디오들은 이웃 부족과 전투를 하는 경우는 대개 신에게 바칠 제물을 얻기 위한 것이어서 산 채로 생포하였는데 그러한 관행대로 코르테스의 병사들을 상처 없이 산 채로 잡으려다가 오히려 죽는 경우가 많았습니다. 그리고 아스텍 왕국과 적대적인 다른 부족들이 에스파냐 군을 도운 것도 아즈텍 왕국이 어이없이 패한 이유 중 하나입니다. 그러나 무엇보다 유력한 주장은 천연두 같은 전염병의 창궐입니다. 에스파냐 사람들이 유럽에서 건너올 때 흑인 노예들을 데리고 왔는데 그들 중에 천연두 감염자가 있었다는 것이지요. 그 감염자 때문에 천연두에 전혀 면역이 되어 있지 않던 인디오들이 속수무책으로 당할 수밖에 없었습니다. 천연두의 유행은 결국 인디오의 몰살과 함께 아즈텍 왕국까지 와해되는 결과를 초래했다는 것입니다.

질병 퇴치의 시작, 천연두 접종

그로부터 200여 년이 지난 18세기에도 천연두는 여전히 무서운 질병이었습니다. 당시 유럽에서만도 매년 거의 50만 명이 천연두로 목숨을 잃었습니다. 똑같은 비율로 말하자면 런던 인구 5명 중 1명이 천연두로 목숨을 잃었습니다. 그런데 이렇게 무서운 천연두를 예방할 수 있는 백신 개발에 단초를 제공한 이들은 바로 중국인들이었습니다.

일찍이 중국인들은 천연두에 걸렸다가 살아남은 사람들이 또다시 천연두에 걸리는 일이 없다는 사실을 알았습니다. 또 이들은 약하게 천연두를 앓고 있는 사람들의 부스럼 딱지를 긁어서 그 부스러기를 천연두에 걸리지 않은 사람의 피부에 대고 문지르면 그 사람 역시 약하게 천연두를 앓다가 낫게 된다는 것도 알게 되었습니다.

이렇게 면역을 생기게 하는 방법을 접종이라고 했는데 이것이 멀리 서역을 거쳐 터키까지 전해졌습니다. 그런데 당시 터키 주재 영국 대사의 부인이자 문필가였던 메리 워틀리 몬터규Mary Wortley Montagu, 1689-1762가 이와 같은 접종 방법을 알게 되었습니다. 자신도 천연두를 앓다가 가까스로 목숨만 건지고 얼굴에 흉터를 가지고 있었던 그녀는 이 방법을 용감하게 자신의 아들에게 시험해 보았습니다. 다행히도 좋은 결과를 얻게 되자 그녀는 이 방법을 영국의 상류층에 소개하였습니다. 하지만 이런 접종 방법은 일부러 천연두에 걸려야 하기 때문에 까딱하다가는 진짜 죽을 수도 있는 위험을 감수해야 했습니다. 그래서 사람들은 천연두를 예방할 수 있는 안전한 방법을 애타게 기다려 왔습니다.

18세기 말, 영국의 의사 에드워드 제너Edward Jenner, 1749-1823는 시골의 목장에서 어떤 한 가지 사실에 주목하게 됩니다. 당시 소의 젖을 짜는 여자들은 천연두에 거의 걸리지 않는다는 것이었지요. 그 이유를 추적하던 중

제너는 그들이 천연두와 비슷하지만 훨씬 가벼운 소의 천연두, 즉 우두에 걸렸던 사람들이라는 사실을 알아냈습니다. 그래서 제너는 그것을 확인하기 위해 직접 실험에 돌입했습니다. 자신의 집 정원사의 아들, 당시 여덟 살이었던 제임스 핍스James Phipps에게 우두에 걸려 있던 한 여인의 물집에서 우두 고름을 채취하여 그것을 접종했던 것이지요. 그리고 나서 6주 후에 제임스 핍스에게 진짜 천연두균을 접종했지만 그는 천연두에 걸리지 않았습니다. 즉, 천연두에 면역이 생긴 것이지요. 이후 제너의 우두 접종 효과로 천연두로 인한 사망자는 격감하기 시작했습니다.

마침내 소에서 얻어낸 백신 덕분에 무서운 질병이었던 천연두는 거의 사라져 버렸습니다. 하지만 영어 어휘 vaccination백신에는 그 흔적이 여전히 남아 있습니다. 왜냐하면 vaccination을 들여다보면 라틴어 vacca가 들어 있는데, 그 vacca가 바로 소cow라는 의미이기 때문입니다.

환경변화에 대응할 수 있는 여분의 에너지, 건강

아무튼 백신을 개발한 현대의학자들 덕분에 현대인들은 질병으로 인한 고통을 받지 않고 건강한 삶을 누리고 있습니다. 이렇게 병이 없는 상태를 일반적으로 건강하다고 말할 수 있는데 프랑스의 철학자이자 의학자인 조르주 캉길렘Georges Canguilhem, 1904-1995은 건강한 것과 병리적인 것을 확실히 구분하였습니다. 그의 말에 따르면 인체의 모든 기관은 살아 있는 동안 매 순간 주위 환경과 균형을 이루면서 주위와 구분되는, 즉 탈주변화를 꾀한다는 것이지요. 기온, 습도, 압력 등등 모든 면에서 말입니다. 또한 인체는 동물적 특성을 갖고 있기 때문에 기관과 근육을 부단히 움직여야 생명을 유지할 수 있습니다. 따라서 인체는 두 가지 면에서 에너지가 필요합니다. 즉, 급변하는 환경에 대하여 끊임없이 자기 몸을 적응시키며 균형을 잡는 데 쓸 에너지와 자신의 몸을 움직이는 데 사용할 에너지가 필요합니다.

그런데 두 가지 중에 더 우선적인 것은 아무래도 우리 몸의 기관과 신체를 움직이는 데 필요한, 즉 근육 운동에 필요한 에너지이겠지요. 먼저, 몸속에 가지고 있는 에너지를 끌어다 필수 기관을 작동시키거나 몸을 움직이는 데 쓰고 난 이후, 그래도 남아 있는 에너지를 주변 환경에 적응하는 데 쓰게 됩니다. 이때 몸속에 에너지를 미리미리 여유 있게 준비해 두지 못했다면 어떻게 될까요. 주위 환경은 시시각각으로 변합니다. 하루하루의 날씨도 그렇고 계절의 변화도 그렇습니다. 인체는 이 변화무쌍한 주위 환경에 따라 쉴 새 없이 몸을 적응시켜야 합니다. 추울 때는 몸의 열을 발생시켜 체온을 유지해야 하며 더울 때는 땀을 내어 열을 방출해야 하지요. 이 모든 것이 에너지를 써야 할 수 있는 것입니다.

이러한 환경 변화는 예측할 수 없기 때문에 우리는 여유분의 에너지를 늘 예비로 준비해 놓아야 합니다. 그래야 주변의 변화를 극복하고 안정된 상태를 유지할 수 있으니까요. 조르주 캉길렘은 이런 사실을 언급하며 건강이란 생명체가 환경 변화에 대응할 수 있도록 여분의 능력을 보유할 수 있는 잠재력인 힘이라고 정의했습니다. 이를테면 건강하다는 것은 언제 어디에서나 자신의 몸의 균형을 잡고 잘 적응시켜 생명을 이어간다는 것을 말합니다. 또한 병이 나거나 죽는다는 것은 주변의 환경이 변하면서 요구되는 것이 있는데 더 이상 그것에 대처할 여유가 없어서 변화 요구에 대하여 불가항력적일 때를 이르는 것입니다. 이렇게 보면 주변 상황의 변화를 파악하지 못하여 제때 변화, 적응하지 못하는 국가가 멸망하는 이유나, 개인이 병들어 죽는 것은 똑같습니다. 왜냐하면 국가도 살아 움직이는 유기체이니까요.

ant(i)(=against, ~에 대항하여; opposite to, ~에 반대하여)

antibiotic[æntibaiɑ́tik] <anti+bio(=life)+tic(=pertaining to~)> 항생 물질(이)
antidote[ǽntidòut] <anti+dot(=given)> 해독제
antifreeze[ǽntifri:z] <anti+freeze> 부동액
antiseptic[æntəséptik] <anti+septic(=rotten)> 방부제, 방부의
antonym[ǽntənim] 반의어, 반대말

▶같은 듯 같지 않은 단어들

• assure[əʃúər] (상대방에게) 확신시키다, 확실함을 가지고 말하다

The unions assured the new owners of the workers' loyalty to the company.
노조는 새 사주들에게 회사에 대한 사원들의 충성심을 확신시켜 주었다.

• ensure[enʃúər] 확보하다, 확실하게 하다, 책임을 지다

The role of the police is to ensure that the law is obeyed.
경찰의 역할은 법률이 확실하게 지켜지도록 책임을 지는 것이다.

• insure[inʃúər] 보험을 들다

I lost my camera on holiday and I wasn't insured for it.
나는 휴가 때 카메라를 분실했는데 그것에 대한 보험을 들어 놓지 않았다.

30 Canine

사랑받기 위한 비루함

> canine[kéinain]
> ① 개
> ② 개와 같은
> ③ 송곳니

개와 카나리아의 관계

겉보기와는 딴판이라는 말이 있습니다. 겉과 속이 너무 달라서 겉으로 봐서는 전혀 알 수 없다는 뜻일 텐데요, 영어 단어 가운데는 그냥 겉으로 보기에는 그럴 것 같지 않은데 실은 꽤 깊게 연관되어 있는 어휘들이 있습니다. 개와 카나리아도 그런 예에 속합니다.

아프리카 북서쪽 바다에는 일곱 개나 되는 섬이 모여 있는 곳이 있습니다. 바로 카나리아 제도Canary Islands인데요, 그곳을 처음 발견한 사람들은 고대 로마의 탐험대원들이었습니다. 당시 그들은 일곱 개의 섬 가운데 어느 한 섬에 상륙하였는데 그곳에는 아주 크고 사나운 들개들이 많이 살고 있었습니다. 개를 라틴어로는 canis라고 하기 때문에 그래서 그곳을 Gran Canaria라고 불렀습니다. 이때부터 이 섬들은 Canary Islands카나리아 제도가 되었지요.

그런데 그곳에는 개들뿐만 아니라 생김새도 예쁘고 아름답게 지저귀는 되새finch들이 많이 있었는데 이 새들도 훗날 카나리아canary로 불리게 되었습니다. 그러다가 근대 이후 사람들이 새들을 잡아 유럽으로 들여왔습니다. 이렇게 보면 개와 카나리아 새는 우연히 서로 연관성을 갖게 된 것이지요.

고대 이후 canis와 그것의 형용사인 canine개의, 개 같은은 오늘날까지도 사용되고 있는데 밤하늘을 수놓는 많은 별자리 가운데 큰개자리를 Canis Major라고 합니다. 지구에서 육안으로 볼 수 있는 별들 중에서 가장 밝은 별인 시리우스 별the Dog Star이 바로 이 큰개자리에 있습니다. 시리우스 별은 하나로 보일 정도로 가까이 있기는 하지만 실제로는 두 개의 별이지요. 북반구에서는 이 시리우스별이 상승해 태양과 일직선을 이루게 되는 때가 가장 더운 한여름입니다. 그런데 고대인들은 이 별과 태양의 열기가 합쳐져서 더위가 온 것이라 생각했습니다. 이 때문에 여름 중 가장 무더운 기간을 dog days삼복더위라고 했었던 것이지요.

개는 인간의 오랜 친구

개 이야기가 나왔으니 말입니다만, 개는 동물들 가운데 일찍부터 길들여져 인간과 함께 가장 가까이서 함께한 대표적인 가축입니다. 그래서 영어 단어 dog가 들어 있는 파생 어구들은 인간 생활과 밀접한 관련이 있는 것들이 많습니다. 예를 들면 lapdog은 lap이 무릎을 가리키는 어휘이니 그와 연관시켜 무릎에 앉혀 키우는 애완견이고, watchdog은 감시견, junkyard dog은 폐품을 쌓아 놓은 하치장을 지키는 사나운 개를 가리킵니다. 또 bandog은 사나운 개라는 의미입니다. band가 줄 또는 끈이라는 뜻이니 성질이 사나워서 사슬이나 줄로 묶어 놓은 개라는 뜻입니다. 이에 반해 hangdog는 비굴하다는 뜻을 가진 어휘입니다. hanging이 목을 매는 교수형이니 그런 형벌 앞에서 비굴해질 수밖에 없어서 그런 의미를 갖게 된 것이겠지요.

또 firedog은 벽난로 옆에 비치해 두는 장작 받침쇠를 가리키는 단어입니다. 낮아서 이용하기 좋고 네 개의 다리를 갖고 있어서 아마도 난로 옆에 있는 개 모양과 비슷하여 그런 뜻이 주어졌을 겁니다. 그리고 bird dog은 새 사냥개라는 뜻인데 bird-dog은 동사가 되어 총에 맞은 새를 물어오는 개의 동작처럼 열심히 찾아 나선다는 의미가 됩니다. 또 black dog은 우울증의 의미가 있는데 이것은 로마의 시인 호라티우스Quintus Horatius Flaccus, BC 65-BC 8가 검은 개를 불길하게 여기는 신화를 소개한 데서 비롯된 것이라고 합니다. 뿐만 아니라 underdog은 패배자 또는 약자의 의미입니다. 그것의 반대말은 승자 또는 지배자를 뜻하는 overdog 또는 top dog이지요. 개싸움, 즉 투견에서 밑에 깔려서 패배한 개를 말 그대로 아래 깔린 개, underdog이라고 한 것입니다. 또 underdog이란 단어는 사냥개의 역할에서 유래했다고도 합니다. 즉, 곰 사냥을 갈 때 사냥개 여러 마리를 두 패로 나누어 곰을 공격하게 합니다. 즉, 곰의 머리나 상체를 공격하는 개는 top dog, 곰의 다리를 중심으로 하체를 공격하는 개를 underdog이라 합니다. 그런데 underdog이 훨씬 더 부상당할 위험성이 크겠지요.

앞서 말한 대로 개는 인간과 친숙한 동물이라 동화나 우화에도 많이 등장합니다. a dog in the manger는 심술쟁이라는 뜻인데 소가 먹을 건초를 담은 manger여물통에 들어가서 잠을 자는 개를 상상해 보세요. 개는 건초를 먹을 것도 아닌데 소가 먹으려고 하면 괜히 으르렁거리며 못 먹게 합니다. 그래서 자신이 할 것이 아니면서 남도 못하게 하는 심술쟁이를 가리키는 말이 바로 여물통에 있는 개, 즉 a dog in the manger입니다.

하지만 개는 우화에 등장할 때 보통 주인에게 헌신적으로 일하면서 자신은 힘들어하는 존재로 묘사됩니다. 뿐만 아니라 강제로 비천한 일을 시키는 주인 때문에 비루한 신세가 되기도 하지요. 다음의 우화를 보실까요.

덩치가 매우 큰 개가 목에 사슬을 두른 채 묶여 있었습니다.

그것을 보고 늑대가 물었습니다.

"누가 너를 그렇게 묶어 놓고 있는 거냐?"

그러자 개가 대답했습니다.

"사냥꾼인 우리 주인님이야. 너도 이런 꼴을 당하지 않게 조심하길
바래. 무거운 사슬로 묶여 있으니 차라리 배를 굶주리는 편이 낫거든."

개는 늑대에게 일신의 안락함과 자유를 맞바꾸는 우를 범하지 말라는 충고를 하면서 자신은 때늦은 후회를 하고 있습니다. 이런 상황과 연관성이 있겠지요. 다름 아닌 독일의 사회심리학자인 에리히 프롬Erich Fromm, 1900-1980은 개인과 사회의 관계에서 자유와 복종의 갈림길에 선 현대인의 고민을 논했습니다. 이를 위해 그는 중세부터 현대에 이르는 자유에 대한 역사적 추이를 살펴보았지요. 그의 주장은 이렇습니다. 주지하다시피 신에 의존하던 중세 사회에는 개인적 자유가 없었습니다. 르네상스 이후 비로소 사람들은 신에게서 떨어져 나와 처음으로 개인이 됩니다. 그런데 사람들은 개인적인 자유를 얻게 되면서 무력감, 회의, 고독, 동요, 불안을 느끼게 되지요. 다시 말하면 절대적인 신의 품을 떠나면서 얻게 된 자유는 인간을 독립적인 존재로 만들어주기는 했지만 또 한편으로는 개개인이 고립됨으로써 불안감에 휩싸여 무력한 존재가 되었습니다. 고립으로부터의 불안감은 견디기 어려운 공포로 다가오기 때문에 사람들은 탈출구를 모색하게 됩니다. 즉, 자유라는 것에서 도피하여 또 다른 의존과 복종의 대상을 찾을 것인지, 아니면 각자 나름의 더욱더 적극적인 자유의 실현을 위하여 노력해야 할 것인지 그 갈림길에 서서 방황하게 된다는 것이지요. 그런데 우리들 대부분은 나약한 존재이기 때문에 무의식적으로 더

큰 존재에게 의존하고 싶은 본능을 뿌리치기 어렵다는 것입니다.

자유 의지를 가진 주인 같은 삶을 살아야

그럼에도 불구하고 적극적인 자유 의지를 표방하는 사람들도 있습니다. 바로 17세기에 살았던 영국 시인 앤드루 마블Andrew Marvell, 1621-1678도 그런 사람들 중 한 사람입니다. 그는 감성과 논리적 사고를 중요하게 생각하는 형이상학파 시인이었습니다. 마블은 시간이 충분하다면 느긋하게 품격 높은 사랑을 할 텐데 현실은 그렇지 못하니 젊었을 때 즐기자는 재미있는 시도 썼습니다.

> 그대의 두 눈을 찬미하고 / 이마를 바라보는 데 일백 년, / 그대의 두 젖가슴을 흠모하는 데 이백 년, / 나머지 부분엔 삼만 년, / 모든 부분을 찬양하는데 / 적어도 한 시대가 걸릴 것입니다. / …… / 하지만 나는 항상 듣습니다, / 바로 나의 등 뒤에서, / 날개 달린 시간의 마차가 황급히 다가오는 소리를; / …… / 대리석 무덤 속에선 / 그대의 아름다움은 더 이상 찾을 수 없을 것이며 / …… / 그땐 벌레들이 / 그토록 오래 간직한 처녀성을 범할 것입니다. / 무덤이 고요하고 은밀한 곳이지만 / 내 생각엔 / 아무도 그곳에서 포옹하지 못할 것입니다. / 자, 그러니 그대의 살결에 젊음의 색조가 / 아침 이슬처럼 머무는 동안, / …… / 자, 이제 즐깁시다, 우리가 할 수 있을 때.

그런데 시에 표현된 앤드루 마블의 생각은 시대적 발상인지도 모르겠습니다. 그는 청교도혁명 시기에 『실낙원』을 쓴 작가 존 밀턴John Milton, 1608-1674과 교류하면서 왕정과 종교계를 비난하는 글을 종종 발표하였습니다.

결과적으로 그는 왕당파의 미움을 받았고 밀턴도 그랬듯이 마블도 죽을 뻔한 고비를 몇 차례 넘기기도 했습니다. 물론 뇌물이나 관직을 제시받는 등 회유도 많이 당했습니다만 그는 끝까지 굴복하지 않았습니다.

그럼에도 불구하고 당시의 국왕이었던 찰스 2세는 마블의 재주를 아껴 그를 좋아했습니다. 어느 날, 왕은 마블의 집으로 대신을 보냈습니다. 그는 글을 쓰고 있다가 궁정의 대신을 보고 놀라서 집을 잘못 찾아온 것이 아니냐고 말했지요.

그러자 대신은 "아닙니다. 왕께서 당신의 재능을 높이 사서 무엇인가 대접을 해 드리고 싶다고 하여 저를 보냈습니다."

마블은 그 말에 이렇게 답했습니다.

"왕의 호의는 고맙지만 왕의 총애를 받는다는 것이 어떤 것인지 압니다. 궁정의 법도라는 무거운 쇠사슬에 묶여 지내야 하는데 자유와 독립심이 그것을 용서하지 못할 겁니다. 왕의 은혜를 받아들이고 나서 경우에 따라 왕의 뜻에 반대하는 행동을 하는 경우, 이것은 왕을 배신하는 죄가 될 것입니다. 또 왕의 뜻을 따르면 그것은 저의 양심을 저버리는 것이 될 겁니다. 그러니 이대로 지낼 수 있게 해 주십시오."

그러나 그의 말에 개의치 않고 대신은 왕이 시키는 대로 1천 기니의 돈을 내밀면서 계약금 조로 받아준다면 왕이 매우 기뻐할 것이라고 했습니다. 이에 마블은 다시 이렇게 말했습니다.

"대신께서 저를 계속 놀리는 것은 아니겠지요. 저를 매우 가난뱅이 취급을 하는 것 같은데 저는 돈이 필요 없을 정도로 부유하게 살고 있습니다. 저의 사는 모습을 잘 말씀드리면 왕께서 저를 돈으로 매수하려 들지는 않을 겁니다."

대신은 하는 수 없이 그의 집을 나와 궁정으로 발길을 돌렸습니다. 대신이 떠나자마자 마블은 출판사로 달려가서 인세를 가불해 달라고 사정했습니다. 비록 굶주릴망정 복종이라는 쇠사슬에 매여 절대적으로 굴복하며 살아가는 개 같은 삶을 거부한 것입니다. 왕의 기분이나 비위를 맞추고 그것을 하기 위해 개처럼 비루해지는 자신을 참기 어렵다는 것이지요. 또한 무엇보다 대신이 주는 것을 받아들이면 국왕이 무엇인가를 베풀었고 그것으로 인해 우월감을 느끼며 좋아하게 될 그것이 싫었는지 모릅니다.

이렇게 보면 진짜 개들은 개이어서 미무함을 노트니 신싸 개처럼 행농하겠지요. 주인에게 언제나 완벽하게 비굴한 자세로 무언가를 받으며 굴종합니다. 게다가 주인에게 무엇인가를 베풀고 있다는, 즉 우월감에서 오는 행복까지 안겨 주는 충복 중에 충복이 틀림없습니다. 그런데 문제는 우리 주변에 개같이 사는 사람들이 많아지고 있다는 겁니다. 그런 사람이 출세해서 그런지는 몰라도 개 같은 사람이 많아지니 세상도 점점 그렇게 변해 갑니다. 어쩌면 요즈음 사람들이 변하는 것이 아니라 앞서 말한, 즉 오랜 세월 인간과 가장 가까이 지낸 동물이 개인 것을 보면 유유상종... 사람들이 개를 닮아 가는 것이 자연스러운 일인지도 모르겠습니다.

sub(=under, 아래; beneath, 밑에)

subconscious[sʌbkɑ́nʃəs] <sub+con(=together)+sci(=to know)+ous(=having
the quality of-)> 잠재의식의
submerge[səbmə́ːrdʒ] <sub+merg(=to plunge)> 물속에 담그다, 빠뜨리다
subordinate[səbɔ́ːrdənit] <sub+ordin(=to order)+ate(=making)> 아래의,
종속하는, 부수적인
subsequent[sʌbsikwənt] <sub+sequ(=to follow)+ent(=-ing)> 뒤따르는, 다음의
substitute[sʌbstitjùːt] <sub+statu(=to put)> 대체하다, 바꾸다

▶같은 듯 같지 않은 단어들

• excursion[ikskə́ːrʒən] (관광객이나 특정 목적을 띠고 하는) 짧은 여행

This year's annual excursion will be to Paris.
올해의 연중행사로 하는 기념 여행은 파리로 갈 것이다.

• journey[dʒə́ːrni] (주로 육로를 통한) 여행

It's a two-hour train journey from York to London.
요크에서 런던까지는 두 시간의 기차 여행이다.

• travel[trǽvəl] (탈 것에 의해 이동하는) 여행

He spent a year travelling, mostly in Africa and Asia, after leaving school.
그는 학교 졸업 후에 주로 아프리카와 아시아를 여행하느라 1년을 보냈다.

• trip[trip] (여행에 관한 일반적인 어휘로서) 짧은 여행

I don't think we can afford another trip abroad this year.
올해 우리가 또 한 번의 외국 여행을 할 여유가 있을 것이라고는 생각하지 않는다.

• voyage[vɔ́iidʒ] (배, 비행기, 우주선에 의한) 장기 여행

We crossed the Equator on the voyage.
우리는 항해 중에 적도를 통과하였다.